MW00435709

NACIDOS PARA SER
Bendecidos

¡LIBERA LAS PROMESAS DE DIOS
EN LAS VIDAS DE AQUELLOS QUE AMAS!

JOHN HAGEE

WORTHY®
Latino

Contenido

¡Has nacido para ser bendecido!

Tengo un mensaje de esperanza y verdad para todo aquel que lea este libro y que quiera vivir una vida realizada y exitosa: ¡Dios Todopoderoso ha declarado que cada uno de sus hijos *ha nacido para ser bendecido*!

La Bendición Profética es una declaración por una autoridad espiritual sobre la vida de un individuo. Las palabras de la bendición tienen poder para controlar y dirigir la vida de la persona sobre la que han sido declaradas. La bendición profética revolucionará tu vida y la vida de los miembros de tu familia (hijos, hijas, sobrinos, sobrinas, nietos, nietas), sin importar su edad o circunstancias actuales, permitiéndoles llegar a un nivel más alto de realización y creando prosperidad espiritual, física, emocional y relacional.

El poder y la permanencia de la bendición profética han sido claramente reflejados a través de los siglos en las sagradas Escrituras. El pueblo judío ha obedecido los principios y ha recibido los beneficios de la bendición; sin embargo, su potencial ha sido tristemente subestimado por la mayoría de cristianos durante más de dos mil años. ¡Esta bendición transformadora sobrenatural, declarada por una autoridad espiritual, tiene el poder para esculpir tu vida y las vidas de tus hijos hoy mañana y para siempre!

Cuando enseñé acerca del poder de la bendición profética en mi congregación, exhorté a los padres a poner sus manos sobre sus hijos y declarar una bendición sobre ellos. Les di instrucciones de que profetizaran personalmente el futuro esperado para cada uno de sus hijos

Muchas vidas fueron cambiadas de inmediato. Se podía escuchar llanto desde cada rincón del santuario. Comenzaron a llegar los testimonios de hijos e hijas cuyas vidas fueron transformadas por el poder de la bendición profética declarada sobre ellos por su autoridad espiritual. ¡Las calificaciones académicas mejoraron, problemas de carácter y baja autoestima desaparecieron! Sus hijos andaban y hablaban con un aire de confianza que nunca antes habían demostrado.

El poder de la bendición profética ha cambiado el curso de nuestro ministerio y ha influenciado positivamente nuestra congregación, nuestra nación y las naciones del mundo, produciendo resultados sobrenaturales que estaban por encima de nuestros más altos sueños o imaginación. ¡Y puede transformar a tu familia también!

He escrito *Nacidos para ser bendecidos* para enseñarte cómo desatar el poder de la bendición profética en tu familia. Tus hijos nacieron para ser bendecidos; y tú, como su padre o autoridad espiritual, puedes proclamar esta bendición de acuerdo a las sagradas Escrituras y ver cómo se hace realidad en las vidas de tus seres queridos.

En la Parte 1 de este libro explicaré la bendición profética, te mostraré cómo la bendición de Dios cambió vidas drásticamente a lo largo de las Escrituras, y te enseñaré cómo desatar la bendición profética ordenada por Dios en tu propia familia a través de la palabra hablada y el toque físico. Por el camino, compartiré poderosas y alentadoras historias de familias, como la tuya, que han experimentado el profundo poder transformador de la bendición profética. En la Parte 2 compartiré varias proclamaciones específicas que puedes declarar sobre tus hijos y seres queridos con el fin de desatar el poder sobrenatural de la bendición profética en tu hogar y tu familia.

No tienes que esperar más; ¡tienes el poder para transformar a tu familia! Independientemente de tu situación familiar o cuán desesperado puedas sentirte en este momento, declara que ya no aceptarás una existencia mediocre para tu familia. Comienza a pensar en tus hijos como exitosos en todo lo que hagan. Te animo a poner fin a todas las palabras destructivas sobre tus hijos, sus circunstancias actuales y su futuro. En lugar de eso, mira una foto familiar y di en voz alta: "¡Mis hijos han nacido para ser bendecidos!".

No tienes que buscar más lejos las respuestas a los retos en tu vida; tan solo necesitas leer este libro, creyendo que tú y tus hijos tienen el potencial de tener una vida bendecida… ¡porque *has nacido para ser bendecido*!

PARTE 1

LA BENDICIÓN PROFÉTICA

Capítulo 1

¿QUÉ ES LA *Bendición* PROFÉTICA?

Cuando nos encontramos con alguien que estornuda en el elevador, solemos decir instintivamente: "¡Dios le bendiga!". En español, una despedida proclama una bendición deseando un buen viaje con la frase: "Vaya con Dios". Incluso Booz, del Antiguo Testamento, saludaba a sus cosechadores con una bendición: "¡Que el Señor esté con ustedes!" (Rut 2:4). Hay muchas formas en que el hombre desea extender la bendición de Dios a otros.

Este tipo de declaraciones pueden buscar el favor de Dios para algo o alguien; sin embargo, no son ejemplos de la bendición sacerdotal que Dios ordena, ni tampoco son imparticiones de la bendición profética. Comencemos definiendo la diferencia entre la bendición sacerdotal y la bendición profética.

LA BENDICIÓN SACERDOTAL

El libro de Números guarda entre sus páginas las palabras a las que que normalmente se hace referencia como el Padrenuestro del Antiguo Testamento. El Señor ordenó a Moisés que dijera a Aarón y a sus hijos que bendijeran al pueblo de Israel poniendo su Nombre sobre ellos. Aarón y sus hijos componían el sacerdocio de Israel, y por lo tanto, se hace referencia a este pasaje como la bendición sacerdotal.

Esta profunda proclamación es uno de los regalos de Dios a su pueblo, ya que en este sagrado texto Él define la palabra *bendición*. En sus promesas podemos ver el corazón de Dios y experimentar una pequeña porción del gran amor que Él tiene por nosotros.

Lee en voz alta las promesas transformadoras de Dios para ti en la bendición sacerdotal:

Jehová habló a Moisés, diciendo:
Habla a Aarón y a sus hijos y diles: Así bendeciréis a los hijos de Israel, diciéndoles:
Jehová te bendiga, y te guarde;
Jehová haga resplandecer su rostro sobre ti, y tenga de ti misericordia;

Jehová alce sobre ti su rostro, y ponga en ti paz.
Y pondrán mi nombre sobre los hijos de Israel, y yo los
bendeciré. (Números 6:22-27)

La bendición sacerdotal no era solamente para Moisés, Aarón y los miembros de la élite de la tribu de Leví; la intención es que fuera para *cada persona sobre la faz de la tierra*. Eso significa que la bendición sacerdotal es para ti, y para tus hijos.

Esta asombrosa promesa solo puede proceder de un Dios asombroso. Esta bendición llega a ti directamente del Creador del cielo y la tierra. El profeta Isaías se refirió a Dios como "Admirable, Consejero Dios Fuerte, Padre Eterno, Príncipe de Paz" (Isaías 9:6). Las sagradas Escrituras se refieren a Él como el gran "YO SOY" y el buen Pastor de las ovejas (Éxodo 3:14; Juan 10:11). La poderosa fuente de bendición que no conoce límites es Emanuel, "Dios con nosotros", y la esperanza de gloria. Él es el Dios inmortal e invisible. Él puede restaurar tu matrimonio muerto, sanar tu cuerpo enfermo y renovar tu mente desesperada. Él ha prometido hacerte cabeza y no cola. Él te dará casas que no construiste, viñedos que no plantaste, y pozos que no cavaste. Él te plantará junto a ríos de agua viva, ¡y todo lo que hagas prosperará! Él es el Señor que te da el poder para conseguir riquezas.

El verbo *bendecir* en hebreo se relaciona con el sustantivo *rodilla,* y puede significar "adorar con las rodillas dobladas, o arrodillado" (Salmos 95:6) o "presentar algo de valor a otro". Casi todas las bendiciones hebreas comienzan con esta palabra, pues Dios merece la adoración y alabanza de todo hombre (Salmos 113:2). A través de la bendición sacerdotal, Dios otorga su favor a su creación: el hombre mortal. ¡Qué honor! Esta es la expresión más pura de su misericordia y su gracia[1]. Dios bendice a sus hijos dándonos vida y provisión; nosotros le bendecimos a través de nuestra alabanza y viviendo nuestra vida al máximo potencial.

LA BENDICIÓN PROFÉTICA

Ahora, hagamos una breve distinción entre la bendición sacerdotal y la bendición profética. Mientras que la bendición sacerdotal es una proclamación directa de parte de *Dios* sobre el hombre, como se menciona en Números 6, la bendición profética es la declaración hablada de parte de la *autoridad espiritual* de Dios en cuanto a la vida de un individuo. Una vez que la bendición sacerdotal ha sido proclamada sobre el receptor, entonces sigue la bendición profética. A diferencia de la bendición sacerdotal, la bendición profética es única para cada persona que la imparte, al igual que para el que la recibe.

> *Todos éstos fueron las doce tribus de Israel, y esto fue lo que su padre [Jacob] les dijo, al bendecirlos; a cada uno por su bendición los bendijo. (Génesis 49:28)*

El uso de la palabra *bendición* en las Escrituras tiene varias connotaciones en el idioma hebreo. Cuando Dios bendice al hombre, es para concederle buena salud, éxito abundante y prosperidad, tanto material como espiritual. Cuando el hombre bendice a Dios, esta bendición se presenta en forma de acción de gracias, reverencia, obediencia, alabanza y adoración. Cuando un hombre bendice a otro creyente, recita la bendición sacerdotal de Números 6:22–27 y a continuación proclama la bendición profética inspirada por el Espíritu Santo. Según vayas leyendo *Nacidos para ser bendecidos*, descubrirás cómo esta proclamación divina, guiada por el Espíritu Santo, formará sobrenaturalmente tu vida y las vidas de tus seres queridos.

EL PODER PARA ESCULPIR TU FUTURO

La bendición profética pronunciada por una autoridad delegada por Dios ha tenido un profundo impacto en mi vida y ministerio. Tuvimos una semana de reuniones en 1987 cuando dedicamos la Iglesia Cornerstone. Mi padre, el reverendo William Bythel Hagee, pronunció la siguiente bendición profética sobre mí mediante su oración de dedicación:

Padre nuestro, que estás en los cielos, venimos ante ti hoy con nuestros corazones rebosando de gratitud por tu fidelidad. "Si el Señor no edifica la casa, en vano trabajan los que la edifican". Esta casa de alabanza es tu obra, y es preciosa a nuestros ojos.

Padre celestial, acepta el trabajo de nuestras manos como un sacrificio de alabanza a tu santo nombre. Que esta casa de oración sea un faro para un mundo que se sumerge en la oscuridad espiritual. Que tu Palabra vaya desde este lugar hasta los confines de la tierra, y que innumerables hijos e hijas se añadan al reino de Dios.

Que sea para nosotros y para nuestros hijos a través de los años venideros un santuario de benditos recuerdos. Que sea un refugio de los afanes y preocupaciones de la vida. Que sea un refugio en tiempos de tormenta. Llena este santuario con tu Espíritu Santo y llénanos con tu amor, paz y gozo. De la misma forma en que la construcción del templo es en vano sin la consagración de las personas, ofrecemos nuestras vidas de nuevo a ti hoy como tus siervos, Señor. Que tu Palabra habite en nuestros corazones. Que aquí podamos ser transformados a tu gloriosa imagen. Permítenos recordar que tú eres la piedra angular de esta iglesia. Tú eres nuestro Amado. Tú eres la Roca de nuestra salvación.

Padre nuestro, bendice a aquellos que ministran en este lugar. Que sean vasos listos para que el Maestro los use, y dales fuerza para el viaje. Unge su ministerio para que puedan guiar las almas de los hombres a los caminos de justicia. Cuando corazones cansados, enfermos por el pecado y hambrientos pasen por estas puertas, que encuentren Agua Viva y el Pan de Vida. Escucha nuestra oración, oh Señor, nuestro Dios, nuestro Rey y nuestro Redentor. Todas estas cosas las pedimos en el precioso nombre de nuestro Señor y Salvador Jesucristo. Amén.[2]

Cada vez que leo esta poderosa proclamación sobre mi vida, me conmuevo profundamente. ¿Por qué? Porque fue pronunciada en fe por la autoridad delegada por Dios sobre mi vida; fue pronunciada de acuerdo a la Palabra de Dios; y yo la recibí y he hecho lo necesario para ver que sus contenidos se cumplan.

Mi esposa Diana y yo asistimos a la Conferencia Internacional de Empresarios Cristianos en la Universidad Oral Roberts en 1991, que se realizó en el Mabee Center. Yo formaba parte del consejo rector en la Universidad Oral Roberts en ese tiempo y también era uno de los oradores de la conferencia. No teníamos ni idea de que la última sesión sería un momento en el tiempo que ayudaría a esculpir nuestro futuro. Estando Diana y yo sentados en la primera fila, el orador enseñó acerca de Habacuc 2:2-3, que dice:

> *Escribe la visión, y declárala en tablas, para que corra el que leyere en ella. Aunque la visión tardará aún por un tiempo, mas se apresura hacia el fin, y no mentirá; aunque tardare, espéralo, porque sin duda vendrá, no tardará.*

Escuchamos la forma en que el orador enseñaba acerca de escribir todas las cosas que nos gustaría conseguir en el futuro. Agarré mi Biblia, y Diana y yo nos pusimos de acuerdo para escribir la visión que teníamos para nuestra vida y hacer una confesión de fe de que Dios lo cumpliría. En ese tiempo no sabíamos que todo lo que escribimos en esa Biblia aquel día se cumpliría en el curso de veinte años de la forma exacta en que fue escrita.

Nuestra proclamación para el futuro:

Levantar un ministerio de televisión nacional que alcanzaría a América y al mundo con el propósito de predicar el evangelio a todo el mundo.

Construir una iglesia siguiendo el modelo de la iglesia del Nuevo Testamento llena de las señales y maravillas del Nuevo Testamento que bendeciría la ciudad de San Antonio y América.

Construir un centro para conferencias que recibiría a gente de todas las naciones del mundo para restaurar, unir, entrenar y enseñar a los perdidos, a los desanimados y abatidos; sanar a los enfermos; y ofrecer libertad a los oprimidos.

Todo esto hecho para la gloria de Dios Padre y su Hijo, Jesucristo, a través del poder del Espíritu Santo.

—18 DE JUNIO DE 1991, CONFERENCIA ICBM,
UNIVERSIDAD ORAL ROBERTS

Tengo esta declaración de nuestra visión enmarcada en mi oficina. Mi vida es una prueba viva de que la bendición profética tiene el poder para establecer tu futuro cuando está en consonancia con la Palabra y la voluntad de Dios.

Obtén una visión de lo que Dios quiera hacer con tu vida, ministerio, familia, hijos y nietos. Atrévete a creer que Jesucristo es el sumo sacerdote de tu bendición profética. Ten fe en que Él dará de su poder y autoridad para cumplir la bendición sobre tu familia de acuerdo a su Palabra. ¡Vive de acuerdo a tu proclamación profética y observa cómo Dios actúa en tu favor!

Capítulo 2

LA *Bendición* PROFÉTICA
EN LAS ESCRITURAS

Dios tiene el deseo apasionado de bendecirte. Su mayor gloria es dar gozo, amor y paz a todos que llegan a ser parte del reino de Dios. La bendición de Dios es un tema central en la Biblia. A través de las páginas de las Escrituras, Dios bendijo a sus hijos con su favor inmerecido y pronunció bendiciones proféticas sobre sus vidas.

Lo primero que Dios hizo por Adán y Eva en el jardín del Edén fue bendecirles. A medida que pasamos las páginas de las sagradas Escrituras, podemos ver cómo este tema continúa cuando Dios bendijo a Abraham, Isaac, Jacob, y a sus profetas.

El Hijo de Dios, Jesucristo, abrió su boca y el *ruach* (aliento sobrenatural) vino igual que lo hizo en el jardín del Edén cuando Dios Padre sopló vida en Adán. Este mismo *ruach* bendijo al pueblo de Dios en el Sermón del Monte, cuando Jesús trazó el camino de la realeza para que todos los hombres pudieran ser supremamente bendecidos.

En este capítulo veremos más de cerca el poder de la bendición profética en las Escrituras.

LA BENDICIÓN PROFÉTICA DE ADÁN Y EVA

En el tiempo de Génesis, un Dios amoroso y lleno de gracia creó un jardín de tal esplendor, que la mente del hombre no puede comenzar a imaginar ni la mitad de lo grandioso que era. Y en este jardín, Dios pronunció una bendición sobre su creación. Génesis 1:28 contiene esas palabras habladas a Adán y Eva:

> *Y los bendijo Dios, y les dijo: Fructificad y multiplicaos; llenad la tierra, y sojuzgadla, y señoread en los peces del mar, en las aves de los cielos, y en todas las bestias que se mueven sobre la tierra.*

"Fructificad y multiplicaos" es tanto una bendición como una orden. La unión de un hombre con una mujer es con la intención de producir hijos. Esta orden es la antítesis de la agenda en favor del aborto y la homosexualidad. No es posible que dos hombres o dos mujeres produzcan un hijo. Dios creó al hombre y a la mujer, haciendo que el matrimonio entre dos hombres o dos mujeres sea una clara violación de la ley de Dios. Dios solo bendecirá la unión que Él creó; por lo tanto, Él bendijo la unión en matrimonio entre un hombre y una mujer con hijos, como dijo el rey David en Salmos 127:3-5 (NVI):

Los hijos son una herencia del Señor,
 los frutos del vientre son una recompensa.
Como flechas en las manos del guerrero
 son los hijos de la juventud.
Dichosos los que llenan su aljaba
 con esta clase de flechas.
No serán avergonzados por sus enemigos
 cuando litiguen con ellos en los tribunales.

Nosotros en America no tratamos a nuestros hijos como recompensas ni los respetamos por la bendición que

Dios diseñó que fueran. Por el contrario, son explotados a través de la pornografía infantil, maltratados a través del abandono, y asesinados a través del aborto. Por causa de estas transgresiones, una parte del futuro de nuestra nación ha sido destruida. Desde el caso *"Roe contra Wade"*, más de cincuenta y cuatro millones de niños han sido asesinados en el vientre de sus madres entre 1973 y 2008.[1] Un posible Mozart, un Einstein, un futuro presidente de los Estados Unidos, maestros de escuela, bomberos, oficiales de policía, madres amorosas y padres misericordiosos han sido eliminados de nuestra sociedad porque hemos fracasado en honrar la orden y bendición de Dios de ser fructíferos y multiplicarnos.

DIOS BENDICE A ABRAHAM

La siguiente bendición de la que se habla en las Escrituras fue la que Dios le dio a Abraham, que se encuentra en Génesis 12:1–3, creando la nación de Israel y lo que posteriormente se conoció como el pueblo judío:

El Señor le dijo a Abram: «Deja tu tierra, tus parientes y la casa de tu padre, y vete a la tierra que te mostraré».

Haré de ti una nación grande, y te bendeciré; haré famoso tu nombre, y serás una bendición. Bendeciré a los que te bendigan [Israel y el pueblo judío] y maldeciré a los que te maldigan; ¡por medio de ti serán bendecidas todas las familias de la tierra!». (NVI)

Esta bendición profética (asegurando la creación y el establecimiento del Estado de Israel) es la piedra angular teológica de la más grande controversia en el Medio Oriente, desde los tiempos de Abraham hasta el siglo XXI. Sin embargo, sigue siendo un hecho que Dios, el Creador del cielo y la tierra, creó a la nación de Israel a través de su Palabra divinamente proclamada y, por lo tanto, la bendición nunca puede ser anulada o revocada. "Haré de ti una nación grande, y te bendeciré; haré famoso tu nombre" (v. 2).

Abraham fue llamado a una nueva revelación de la voluntad de Dios y se elevó a un nivel de fe que pocos han conseguido tener. Dios hablaba con Abraham igual que uno habla a un amigo, cara a cara. Dios confió en Abraham, le hizo su amigo, e hizo una promesa de bendición personal, diciendo: "te bendeciré". Génesis 13:2 dice: "Abram se había hecho muy rico en ganado, plata y oro".

Fue una bendición terrenal temporal, que también fue muy personal. Un hombre bendecido experimenta una buena relación en su matrimonio, con sus hijos y con sus amigos; él y su familia disfrutan de buena salud y de sanidad; es ascendido en su lugar de trabajo. Su casa se vende rápidamente mientras que sus vecinos esperan durante meses sin éxito. Su negocio prospera mientras otros negocios se hunden. Todas estas bendiciones son temporales y muy personales.

En cuanto a un hombre bendecido, la gente podría decir: "¡Es muy afortunado!". ¡Incorrecto! Nuestro poder para prosperar es posible gracias a la fidelidad de Dios a su palabra a través de la bendición profética. Esta bendición es transmitida a su esposa, sus hijos, sus nietos, y sobre todo lo que ponga su mano. Dondequiera que vaya, lo que haga, tiene éxito. Esto es tan solo un destello del impacto de la bendición profética de Dios sobre familias, como lo demuestra la Palabra de Dios.

La bendición profética es personal y está a tu alcance, al de tus hijos y tus nietos, ¡hoy!

DIOS BENDICE A JACOB

El desfile de bendiciones continúa cuando el hijo de Abraham, Isaac, bendijo a Jacob. Dios hizo una ecografía divina a Rebeca, quien estaba preocupada sobre la condición de su embarazo y preguntaba, igual que muchas madres embarazadas lo han hecho a lo largo de la historia: "¿Por qué me pasa esto?" (Génesis 25:22, NTV). El Todopoderoso vio la ecografía de los hijos que estaban en el vientre de Rebeca e hizo esta proclamación profética:

> *Dos naciones hay en tu seno, y dos pueblos serán divididos desde tus entrañas; el un pueblo será más fuerte que el otro pueblo, y el mayor [Esaú] servirá al menor [Jacob]. (Génesis 25:23)*

Cuando Dios miró dentro del vientre de Rebeca, no vio una masa de carne sin vida y sin sentido; Él vio dos seres humanos. Él hizo una proclamación profética de que Jacob y sus descendientes, el pueblo judío, serían más fuertes que su hermano, Esaú, y sus descendientes. Jacob, el "agarratobillos", era un travieso que conocía el poder de la bendición y usó su astucia e inteligencia para obtenerlo, mediante engaño, de su anciano padre Isaac. Esaú neciamente negó su derecho a la bendición por un plato de legumbres, y sufrió grandemente por ello.

Dios Padre conocía el destino de Jacob, y lo hizo realidad al pronunciar sobre él una bendición profética:

Apareció otra vez Dios a Jacob… y le bendijo. Y le dijo Dios: Tu nombre es Jacob; no se llamará más tu nombre Jacob, sino Israel será tu nombre; y llamó su nombre Israel. También le dijo Dios: Yo soy el Dios omnipotente: crece y multiplícate; una nación y conjunto de naciones procederán de ti, y reyes saldrán de tus lomos. La tierra que he dado a Abraham y a Isaac, la daré a ti, y a tu descendencia después de ti daré la tierra. (Génesis 35:9–12)

DIOS BENDICE A JEREMÍAS

Incluso desde antes de nacer, Jeremías, el profeta llorón, era conocido por Dios como una persona con un destino específico. Esta es la proclamación profética de Dios respecto a la ecografía de Jeremías:

La palabra del Señor vino a mí: «Antes de formarte en el vientre, ya te había elegido; antes de que nacieras, ya te había apartado; te había nombrado profeta para las naciones». (NVI)

Este versículo claramente declara tres cosas:

1. Dios conocía a tu hijo antes de que él o ella fuera concebido en el vientre.

2. Dios ha llamado a los hijos a un trabajo divino y los ha santificado para ese trabajo mientras estaban en el vientre de su madre.

3. Dios ha decretado el destino divino de tus hijos.

DIOS BENDICE A JUAN EL BAUTISTA

Zacarías era un sacerdote anciano en Israel que estaba casado con una mujer llamada Elisabet. No tenían hijos porque Elisabet era estéril, y los dos eran de edad avanzada. Zacarías fue al templo para servir en su turno, como era costumbre de los sacerdotes. Mientras estaba orando, el ángel Gabriel se le apareció, diciendo:

Zacarías, no temas; porque tu oración ha sido oída, y tu mujer Elisabet te dará a luz un hijo, y llamarás su nombre Juan. Y tendrás gozo y alegría, y muchos se regocijarán de su nacimiento; porque será grande delante de Dios. No beberá vino ni sidra, y será lleno del Espíritu Santo, aun desde el vientre de su madre. Y hará que muchos de los hijos de Israel se conviertan al Señor Dios de ellos. E irá delante de él con el espíritu y el poder de Elías, para hacer volver los corazones de los padres a los hijos, y de los rebeldes a la prudencia de los justos, para preparar al Señor un pueblo bien dispuesto. (Lucas 1:13–17)

El ángel del Señor le dio a Zacarías los detalles exactos sobre la vida y futuro ministerio del hijo en el vientre de Elisabet. El ángel también declaró que Juan el Bautista sería lleno del Espíritu Santo en el vientre de su madre. Solamente un ser humano puede tener una experiencia sobrenatural, no una masa de carne. Diana y yo somos padres orgullosos de cinco hijos maravillosos y somos abuelos de doce increíbles nietos, que son el gozo de nuestra vida. Podemos decir, sin lugar a dudas, que son la mayor bendición de Dios para nosotros.

LAS BENDICIONES PROFÉTICAS DE PARTE DE JESUCRISTO

Las bendiciones continuaron en el Nuevo Testamento con un rabino judío, Jesús de Nazaret, mientras se sentaba en una roca al lado del mar de Galilea. Cristo reveló a las multitudes los principios fundamentales de nuestra fe a través de lo que se ha llegado a conocer como el Sermón del Monte, que incluye ocho bendiciones proféticas conocidas como las Bienaventuranzas.

Estas bendiciones proféticas, declaradas por la boca del Hijo de Dios, nuestra autoridad espiritual suprema, son para todas las personas de la tierra. Estas bendiciones tienen el poder para resucitar tu matrimonio muerto, darte gozo sobrenatural, darte paz mental, crear una autoestima saludable, y ayudar a establecer unos fundamentos sólidos para poder afrontar las tormentas más grandes de la vida. De vez en cuando, Jesús incluso dejó de enseñar a la multitud para bendecir a los niños. El Evangelio de Marcos dice: "Y después de abrazarlos, los bendecía poniendo las manos sobre ellos" (10:16).

¿Qué decía Él? Decía lo que los rabinos y padres judíos han estado diciendo durante miles de años: "Jehová haga resplandecer su rostro sobre ti, y tenga de ti misericordia;

Jehová alce sobre ti su rostro, y ponga en ti paz" (Números 6:25–26). Y entonces, como autoridades espirituales, Jesús y los padres judíos proclamaban el futuro que sus ojos espirituales podían ver para los niños. Este es el poder de la bendición profética. Si Jesús se tomó el tiempo para bendecir a los niños, ¿por qué nosotros no lo hacemos?

La última imagen que tenemos de Jesús en las Escrituras es en el monte de la Transfiguración diciendo adiós a sus discípulos. Cuando ascendía al cielo, Él miró hacia abajo a sus fieles seguidores y los bendijo. El Evangelio de Lucas dice: "Y los sacó fuera hasta Betania, y alzando sus manos, los bendijo. Y aconteció que bendiciéndolos, se separó de ellos, y fue llevado arriba al cielo" (24:50–51).

Dios bendijo a Abraham, Isaac, Jacob, y a los doce hijos de Jacob, que le sirvieron con sus corazones y sus vidas en el Antiguo Testamento a través del cumplimiento de la bendición profética que recibieron. Jesucristo bendijo a sus seguidores en el Nuevo Testamento con ocho bendiciones proféticas impartidas en la ladera de una montaña en Galilea, bendiciones que transformaron sus vidas y crearon las bases del futuro del cristianismo. ¡Ahora Dios desea bendecirte a ti y a tus hijos a la vez que dedicas tu vida a hacer su voluntad y desatar el poder de la bendición profética en tu familia!

Capítulo 3

DESATAR LA *Bendición* A TRAVÉS DE LA PALABRA DECLARADA

Para hacer de las bendiciones de Dios una realidad en tu vida y en las vidas de tus hijos y nietos, debes desatar sobre ellos la bendición profética que Dios ordena a través de la Palabra declarada. Dios quiere bendecir a tus hijos, pero tú debes actuar para desatar la bendición y para que ellos puedan recibir la bendición en sus vidas. Las Escrituras nos recuerdan que nosotros debemos hacer nuestra parte. No podemos recibir sin pedir, no podemos abrir una puerta sin llamar, no podemos encontrar sin buscar. Del mismo modo, no podemos bendecir sin haber primero desatado las bendiciones de acuerdo a la Palabra de Dios declarada.

EL PODER DE LA PALABRA DECLARADA

El poder de hablar es un regalo de Dios. El ser humano es la única criatura con el poder dado por Dios para comunicarse a través de las palabras. Las palabras son una transcripción de tu mente, un reflejo de tu corazón; y cuando las usas, pintan un cuadro de tu alma. Al igual que la mayoría de los cuadros, ¡las palabras pueden ser inspiradoramente bellas o completamente feas! Jesús era muy consciente de lo que nuestras palabras revelan, por lo que dijo: "De la abundancia del corazón habla la boca" (Mateo 12:34).

Las palabras tienen poder para dar consuelo y sanidad o dolor y destrucción. Cada persona que lee este libro sabe de alguien cuya vida ha sido mejorada o envenenada por el poder de las palabras. El poder de la vida y de la muerte se encuentra en la lengua. Salomón escribió en Proverbios 18:21: "En la lengua hay poder de vida y muerte; quienes la aman comerán de su fruto" (NVI).

Fíjate en las decisiones tan extremas que Dios ofrece en este versículo: *muerte* o *vida*; no hay nada entre medias. No hay terreno neutral; todo lo que sale de tu boca produce esperanza o desesperación, una bendición o una maldición, vida o muerte. Santiago continúa en su Epístola: "Si alguno se cree religioso entre vosotros, y no refrena su lengua, sino que engaña su corazón, la religión del tal es vana" (Santiago 1:26).

Aquí tienes algunas perlas de sabiduría que deberías guardar en el almacén de tu cerebro. Te ayudarán a tener una vida exitosa:

- No se requieren muchas palabras para hablar la verdad.[1]
- Las palabras pueden hacer una cicatriz mucho más profunda de la que el silencio podrá sanar jamás.[2]
- Las palabras amables se tardan poco en pronunciar, pero su eco es infinito.[3]

EL PODER DE LAS PALABRAS EN LA CREACIÓN

Las palabras "Dios dijo…" aparecen diez veces en el primer capítulo de Génesis, estableciendo el poder de la palabra declarada. Con unas pocas palabras, Dios quitó la fuerza de la oscuridad de sobre la tierra. Él dijo: "Sea la luz", y el maravilloso y misterioso poder de la luz nació. Nadie puede decirnos lo que es la luz, solo lo que hace. Es uno de los elementos más misteriosos del universo. El hombre ha intentado dominar la luz, y con su esfuerzo, ha complicado su propósito, ya que la luz se ha convertido en un nuevo absoluto en la física y es el centro de la ecuación $E=mc^2$, una fórmula que inició la era atómica.[4]

Dios continuó cruzando el universo con el poder sobrenatural de la palabra profética. "*Y dijo Dios:* «¡Que exista el firmamento en medio de las aguas, y que las separe!»" (Génesis 1:6). A través del poder sobrenatural de las palabras, Dios separó las nubes de las aguas del mar. Esto no es una tarea fácil, amigos míos, ya que el agua es 773 veces más pesada que el aire, y en el aire sobre los océanos hay suspendidas aproximadamente 54,5 trillones de toneladas de vapor.[5] ¡Finalmente, un número más elevado que nuestra deuda nacional!

"*Y dijo Dios*: «¡Que haya vegetación sobre la tierra; que ésta produzca hierbas que den semilla, y árboles que den su fruto con semilla, todos según su especie!» Y así sucedió" (Génesis 1:11). La naturaleza, en todo su esplendor, fue creada por el poder de las palabras de Dios. Es importante observar cómo Moisés clasificaba las plantas, porque "los botánicos usan una división similar, clasificando las plantas en *acotiledóneas* las plantas sin semillas, como *mono-cotiledóneas* las plantas con semillas, y *dicotiledóneas* las plantas con fruto. Este sistema de clasificación, fruto de siglos de investigaciones, se usa hasta el día de hoy y fue escrito por Moisés en la primera página de la Biblia".[6]

"*Y dijo Dios:* «¡Que haya luces en el firmamento que separen el día de la noche; que sirvan como señales de las estaciones, de los días y de los años, y que brillen en el firmamento para iluminar la tierra!» Y sucedió así. Dios hizo los dos grandes astros: el astro mayor para gobernar el día, y el menor para gobernar la noche. También hizo las estrellas" (Génesis 1:14–16, NVI).

Para crear nuestro inmenso universo, Dios tan solo tuvo que hablar; y fue así.

LA PALABRA Y EL ESPÍRITU TRABAJANDO JUNTOS

En su libro *The Power of Proclamation* [El poder de la proclamación], Derek Prince introdujo el concepto de la Palabra de Dios escrita y el Espíritu de Dios trabajando juntos para producir el poder de la Palabra declarada. Por ejemplo, cuando Dios creó al hombre, dijo: "Hagamos al hombre a nuestra imagen, conforme a nuestra semejanza"

(Génesis 1:26). En el siguiente capítulo, la Palabra dice: "Y Dios el Señor formó al hombre del polvo de la tierra, y sopló en su nariz hálito de vida, y el hombre se convirtió en un ser viviente" (Génesis 2:7, NVI). De nuevo, la palabra hebrea para "hálito" es *ruach*, que significa "espíritu", y con respecto a este versículo en particular, *ruach* o hálito se refiere al Espíritu de Dios.[7]

Para dar vida a Adán, Dios literalmente sopló su Espíritu en él. El rey David habló de este mismo poder creador cuando declaró: "Por la palabra del Señor fueron creados los cielos, y por el soplo de su boca, las estrellas... Porque él habló, y todo fue creado; dio una orden, y todo quedó firme" (Salmos 33:6, 9, NVI).

Es la Palabra de Dios la que hace el trabajo sobrenatural, no el hombre, porque incluso Jesús dijo: "No puede el Hijo hacer nada por sí mismo, sino lo que ve hacer al Padre; porque todo lo que el Padre hace, también lo hace el Hijo igualmente" (Juan 5:19). Nosotros, de la misma forma, transmitimos la bendición profética cuando la proclamamos con un corazón que cree y con labios que creen.[8]

LA PALABRA DECLARADA
ES PROFÉTICA

Puede que algunos acepten que la palabra declarada es poderosa, pero cuestionarán el concepto teológico de que la palabra declarada es profética. Dejemos que la luz de la Palabra de Dios nos guía y revele la respuesta. Isaac bendijo a Jacob y a Esaú, y las dos bendiciones se cumplieron exactamente como fueron pronunciadas. Jacob bendijo a sus doce hijos y dos nietos: Manasés y Efraín. Esas bendiciones se cumplieron exactamente como fueron pronunciadas. Jesús bendijo a sus doce discípulos, diciendo: "Ustedes son la sal de la tierra" y "la luz del mundo" (Mateo 5:13–14).

Cuando Jesús pronunció esta bendición profética sobre sus discípulos, ellos estaban saturados de graves faltas de carácter. Si Jesús hubiera contratado a una empresa de Jerusalén para que le hiciera una evaluación de los perfiles emocionales de sus doce discípulos cuando Él proclamó la bendición sobre sus vidas, habría sido algo como esto:

Estimado Jesús de Nazaret,

Gracias por confiar en nuestra empresa para llevar a cabo el análisis de los perfiles psicológicos de los hombres que ha seleccionado para liderar su ministerio. Tras una detallada evaluación, hemos llegado a las siguientes conclusiones: Simón Pedro muestra tendencias bipolares. Si es provocado, su comportamiento podría culminar en arrebatos de enojo que podrían causar daño a otros. Santiago y Juan son altamente competitivos y egocéntricos, y muy probablemente intentarán llevar a cabo un asalto para apoderarse de su organización. Tomás no tiene confianza en sí mismo, es indeciso y le falta seguridad, mientras que Mateo ha sido expulsado de la Compañía de Mercaderes de la gran Jerusalén. Tras exhaustiva investigación, hemos determinado que si no reconsidera usted estas opciones, su visión ministerial para evangelizar el mundo no tendrá éxito.

A pesar de esas faltas, Jesús miró a sus doce andrajosos, básicamente analfabetos e imperfectos seguidores y pronunció esta bendición sobre ellos: "Ustedes son la sal de la tierra... [y] la luz del mundo" (Mateo 5:13–14).

Ellos recibieron la bendición de Cristo en fe y actuaron en base a ella. En ese momento exacto no eran nada, pero se elevaron al nivel de logros que Jesús pronunció en su bendición profética, y salieron y sacudieron el mundo.

EL PODER SOBRENATURAL DE LA VOZ DE JESÚS

Cuando Jesús y sus discípulos estaban cruzando el mar de Galilea, los vientos se volvieron contrarios hasta el punto en que los discípulos (algunos de los cuales eran pescadores profesionales) estaban aterrados, creyendo que seguramente morirían. Los discípulos atemorizados despertaron a Jesús, gritando por encima del sonido de los vientos y las olas que golpeaba la barca: "¿No te importa que nos ahoguemos? Él se levantó, reprendió al viento y ordenó al mar: ¡Silencio! ¡Cálmate! El viento se calmó y todo quedó completamente tranquilo" (Marcos 4:38–39, NVI). ¡Jesús habló… y fue así!

Jesús estuvo delante de la tumba de Lázaro cuatro días después de su muerte y simplemente dijo: "¡Lázaro, ven fuera! Y el que había muerto salió" (Juan 11:43–44). ¡Jesús habló… y fue así! Los leprosos eran forzados a vivir fuera de la ciudad en una colonia aislada hasta que la muerte misericordiosamente terminaba con su sufrimiento. Sin embargo, un leproso consiguió acercarse a Jesús y hacer una sencilla declaración: "Señor, si quieres, puedes limpiarme". Jesús respondió: "Quiero, sé limpio" (Lucas 5:12–13). ¡Jesús habló… y fue así! Esta voz que calmó el mar, resucitó a los muertos y curó al leproso fue la misma voz que habló a la oscuridad en la mañana de la creación, y la oscuridad huyó de la faz de la tierra.

Puedo leer tu mente ahora mismo. Estás diciendo: "Pastor Hagee, todos saben que la voz de Dios y de Jesús, su Hijo, es sobrenatural… ¡pero la mía no lo es!". ¡Incorrecto! Tu voz desata el poder de Dios cada vez que proclamas la Palabra de Dios.

Cada vez que Derek Prince se ponía detrás del púlpito, hablaba sobre la Palabra de Dios y el poder de esta para sanar a los enfermos, liberar a los oprimidos y redimir a los perdidos. Derek se encontró con su Salvador cara a cara hace algunos años, y le extraño mucho; sin embargo, él dejó conmigo, y con millones de otros creyentes, enseñanzas que están grabadas en nuestro corazón por la eternidad. Nunca olvidaré el precioso cuadro de palabras que pintó cuando habló sobre el poder infinito de la Palabra de Dios. Permíteme compartir una porción de su mensaje inspirador: Todo cristiano que cree en la Palabra de Dios tiene en su mano una vara: la Palabra de Dios. Considera tu Biblia como el único instrumento que necesitas en tu mano para poder hacer todo lo que Dios te ha llamado a hacer.

Lo primero que tienes que entender es el poder de la Palabra de Dios. Es un libro sobrenatural. Igual que la vara de Moisés, la Biblia contiene poder. Esto no es obvio cuando la miras por primera vez, pero cuando la entiendes, el poder es, de hecho, ilimitado.[9] Es crucial que entiendas cuán poderosas pueden ser tus palabras para revolucionar tu vida, tu matrimonio, tus hijos y tu negocio, al igual que literalmente remodelar tu futuro.

Cuando las palabras que decimos con nuestra boca son acordes a la Palabra de Dios, Jesús, el "apóstol y sumo sacerdote de la fe que profesamos", desatará su autoridad y su bendición celestial sobre nuestras palabras aquí en la tierra (Hebreos 3:1, NVI). Tú tienes poder sobrenatural increíble a través de tus palabras divinamente dirigidas.

LA BENDICIÓN DE DIOS SOBRE MATTHEW

Cuando me siento en la plataforma de la iglesia Cornerstone y observo a nuestro hijo Matthew predicando a nuestra congregación y nuestra audiencia televisiva que se extiende a través de la nación y alrededor del mundo, apenas puedo contenerme de saltar y gritar de gozo. Él es una respuesta a nuestras oraciones; y Satanás intentó matarle cuando estaba aún en el vientre de su madre.

Diana y yo estábamos emocionados cuando el doctor confirmó que ella estaba embarazada de Matthew. Algunas semanas después de la noticia sobre su embarazo, Diana ministró a una chica joven en nuestra iglesia que no se sentía muy bien. Al día siguiente, la madre de la chica llamó para informar a Diana de que el doctor habría diagnosticado la enfermedad de su hija, a través del teléfono, como rubeola.

Cuando Diana llamó a su obstetra para informarle de que había estado expuesta a la rubeola, él revisó el historial de Diana y concluyó que ella nunca había tenido la rubeola ni había recibido la vacuna contra el virus. El doctor procedió a informar a Diana de que la rubeola puede causar deformidad y graves daños en el cerebro a un niño en el vientre de su madre.

Diana estaba impactada, pero respiró en cierto modo aliviada cuando escuchó que el doctor tranquilamente le decía: "No te preocupes. Podemos arreglar todo con una

sola visita a la clínica". Diana preguntó cuál era el tratamiento que el doctor había planeado. Él respondió: "Es un
procedimiento sencillo que realizamos en nuestra clínica
que se llama dilatación y legrado. Es un procedimiento
sencillo que se puede realizar en menos de una hora". En
otras palabras… ¡un aborto!

Diana colgó el teléfono y se puso pálida mientras las
lágrimas empezaron a correr por su rostro. Ella había asisti-
do a un curso en la universidad de inicio en la medicina, y
supo al instante que estábamos atravesando una crisis de fe.

Diana llamó a mi oficina, llorando, mientras me relata-
ba el plan del doctor para poner fin a su embarazo.

—¿Qué vamos a hacer? —sollozaba al teléfono.

—Primer paso: ¡despedir al doctor! ¡Vamos a confiar
en Dios que el ser vivo dentro de ti nacerá completamente sano y cumplirá el destino divino que Dios ya tiene
decidido!

Inmediatamente llamé al doctor y le dije que habíamos terminado. Antes de que colgara, me dio la charla
de "persona irresponsable", intentando manipularme con
culpabilidad para que pusiéramos fin al embarazo. ¡No lo
consiguió!

Cuando Diana llegó a mi oficina, sus ojos estaban hinchados de llorar. Se sentó en una silla al otro lado de mi escritorio, y me miró a los ojos.

—¿Y ahora qué? —dijo.

—¿Qué se debe hacer cuando no se sabe lo que se debe hacer? Se hace lo siguiente: "Confía en el Señor de todo corazón, y no en tu propia inteligencia. Reconócelo *en todos tus caminos*, y él allanará tus sendas" (Proverbios 3:5–6, NVI, cursivas del autor).

Lloramos abrazados el uno al otro, proclamamos un embarazo y un parto sano, y luego esperamos en Dios.

¿Estás listo para lo que vas a oír a continuación? Tres días después, la mujer que había llamado a Diana para decirle que su hija había tenido la rubeola, llamó otra vez. Le dijo a Diana: "Me gustaría ponerte al día del estado de nuestra hija. Ella comenzó a recuperarse mucho más rápido de lo que el doctor había predicho, así que le llevé a su consulta, donde confirmó que le había hecho un diagnóstico incorrecto. Tan solo fue una erupción en la piel de algún tipo, no la rubeola".

Diana comenzó a llorar otra vez, de pura gratitud y alivio, pero también de la angustia al pensar en algo horrible: si hubiéramos seguido el consejo del doctor, Matthew nunca habría nacido.

El nacimiento de Matthew fue el primer nacimiento de nuestros hijos que el hospital me permitió presenciar. Le vi dar su primer aliento. Fui el primero en sostenerle. Cuando tenía a nuestro bebé milagrosamente sano en mis brazos, él mostró su primera sonrisa, y yo lloré de gozo. Si la vida de Matthew le hubiera sido quitada en el vientre de su madre, el destino divino que el Señor tenía para él también habría sido abortado.

Yo soy la quinta generación consecutiva en la familia Hagee que se ha convertido en pastor; nuestro hijo Matthew continúa esta herencia reverenciada como la sexta generación que predica el evangelio de Jesucristo. Diana y yo estamos orando para que uno de sus hijos continúe el legado de la familia Hagee.

Te doy gracias, Señor, por la verdad reveladora de tu preciosa Palabra: "Yo he venido para que tengan vida, y para que la tengan en abundancia" (Juan 10:10).

LA PALABRA HABLADA
ES UN ARMA DE GUERRA

La Biblia vuelve a pintar una imagen de la palabra hablada en Efesios 6 a través de la enseñanza de la armadura de Dios:

> *Por tanto, tomad toda la armadura de Dios, para que podáis resistir en el día malo, y habiendo acabado todo, estar firmes… Y tomad el yelmo de la salvación, y la espada del Espíritu, que es la palabra de Dios; orando en todo tiempo con toda oración y súplica en el Espíritu, y velando en ello con toda perseverancia y súplica por todos los santos; y por mí, a fin de que al abrir mi boca me sea dada palabra para dar a conocer con denuedo el misterio del evangelio, por el cual soy embajador en cadenas; que con denuedo hable de él, como debo hablar.*
> *(vv. 13, 17–20)*

En este pasaje la "espada" se refiere a la Palabra de Dios (ver Apocalipsis 1:16: "de su boca salía una espada aguda de dos filos"). Y el "Espíritu" es el *hálito* o *ruach* de Dios, lo cual expliqué antes en este capítulo.

Así, al mandar que nos armemos con "la espada del Espíritu", Pablo no nos estaba diciendo que luchásemos "contra las artimañas del diablo" lanzándole nuestra Biblia de tres kilos (Efesios 6:11). ¡No! Estos versículos nos dicen que luchemos contra el diablo abriendo con valentía nuestra boca y literalmente *declarando* la Palabra de Dios.

No me canso de decir esto: los cristianos deben darse cuenta de que la Palabra declarada es un instrumento de autoridad que Dios nos ha dado para liberar su poder en cada área de nuestra vida. La Palabra declarada se puede usar para bendecir, y también se puede usar como arma de guerra espiritual contra los poderes y principados de las tinieblas .

La Escritura narra la ventaja que se puede alcanzar con la Palabra declarada durante esta guerra:

> *Regocíjense los santos por su gloria,*
> *Y canten aun sobre sus camas.*
> *Exalten a Dios con sus gargantas,*
> *Y espadas de dos filos en sus manos,*
> *Para ejecutar venganza entre las naciones,*
> *Y castigo entre los pueblos;*

> *Para aprisionar a sus reyes con grillos,*
> *Y a sus nobles con cadenas de hierro;*
> *Para ejecutar en ellos el juicio decretado;*
> *Gloria será esto para todos sus santos.*
> *Aleluya. (Salmos 149:5-9)*

¡El salmista está describiendo claramente la guerra espiritual! Pero más importante aún es que está revelando el asombroso poder que tiene la Palabra declarada sobre nuestros enemigos.

El poder de la Palabra declarada le da al creyente la autoridad para proclamar las promesas de la Biblia, y una de esas promesas es la victoria: "porque el Señor tu Dios está contigo; él peleará en favor tuyo y te dará la victoria sobre tus enemigos" (Deuteronomio 20:4, NVI).

Sin embargo, a menos que estas promesas se declaren, no pueden cumplir su propósito. Uno debe abrir su boca y proclamar el "juicio escrito" para que el poder almacenado en él sea liberado. Jesús mismo usó la Palabra declarada en las batallas espirituales.

En Mateo 4 leemos cuando Satanás tienta a Jesús. El Espíritu Santo guió a Jesús al desierto, donde después de que Jesús hubiera ayunado durante cuarenta días, el diablo comenzó a tentarle, diciendo: "Si eres Hijo de Dios, di que estas piedras se conviertan en pan" (v. 3). La respuesta instantánea de Cristo fue "Escrito está: No sólo de pan vivirá el hombre, sino de toda palabra que sale de la boca de Dios" (v. 4). En total, Satanás tentó a Jesús tres veces, y cada vez Jesús contraatacó abriendo su boca y proclamando las Escrituras.

Dios era la Palabra y la Palabra era Dios, e incluso Jesús, en toda su majestad y poder, ¡declaró la Palabra en los momentos de guerra espiritual! No hay misterio alguno respecto al vencedor de esta pelea:

> *Entonces Jesús le dijo: Vete, Satanás, porque escrito está:*
> *Al Señor tu Dios adorarás, y a él sólo servirás. El diablo*
> *entonces le dejó; y he aquí vinieron ángeles y le servían.*
> *(Mateo 4:10-11)*

Jesús afrontó la guerra espiritual, y tú lo harás también. Está garantizado. No puedes evitar la batalla, pero puedes equiparte para ganarla. Dios ha declarado que tienes su poderosa Palabra como parte de tu armadura para protegerte de los ataques del enemigo. Este es un pensamiento revolucionario para muchos de ustedes. ¿Irías a una batalla sin tu casco o tu chaleco antibalas? No a menos que quieras morir poco después del comienzo de la batalla.

LA HISTORIA DE EVA

Oí este poderoso testimonio de miembros de nuestra familia de Cornestone. Ilustra muy bien el poder de la Palabra declarada en la guerra espiritual.

Mi esposo y yo nos emocionamos cuando supimos que estábamos esperando nuestro segundo hijo. Sabíamos en nuestro corazón que este bebé era una niña mucho antes de que nos dijeran su sexo. Nuestro primer hijo era un hermoso varón llamado Elías, así que decidimos llamar a nuestra bebé Elisea.

Me quedé atónita cuando el doctor anunció en mi primera visita que la ecografía no registraba el latido del corazón. El doctor dijo: "Normalmente mandaría un legrado, pero voy a esperar dos semanas más antes de realizar la operación".

Devastada, me fui a casa a mi cuarto de oración para estar un buen rato orando a solas. Pasaron las dos semanas y ansiosa regresé al doctor, ¡el cual alegremente me dijo que tenía una bebé sana creciendo dentro de mí! Me dijo: "¡Este bebé tiene un propósito!". ¡Y yo sabía que él estaba en lo cierto!

A partir de ese momento oré por el bebé en mi vientre, llamándole por el nombre que habíamos escogido: Elisea. Una mañana, mientras estaba en mi cuarto de oración, oí al Señor hablar a mi espíritu, diciendo: "Llamarás a esta niña *Eva*, porque el nombre significa 'vida'. Habrá muchos días en que el enemigo vendrá a proclamar muerte, ¡pero contrarrestarás los ataques del enemigo todas las veces diciendo su nombre!".

No tenía ni idea de lo que significaría esa frase y el poder que tendría en el futuro inmediato de nuestra pequeña.

Cuando nació Eva, el cordón umbilical estaba tan enroscado alrededor de su cuello que el doctor tuvo que romper el cordón en dos para asegurarse de que naciera sana y salva.

Aún en su infancia, Eva tuvo una reacción alérgica nada común que puso en peligro su vida.

Al llevarla apresuradamente al hospital, pronunciamos con convicción su nombre y gritamos, declarando: "¡El Señor dijo que vivirás y no morirás!". Dios tocó una vez más milagrosamente a nuestra hija.

Cuando Eva tenía dos años, volvió a tener otra crisis que puso en peligro su vida. Estábamos fuera de la ciudad y recibimos la terrible noticia de que Eva se había caído accidentalmente desde la ventana de un segundo piso a cinco metros de altura mientras estaba bajo la supervisión de la cuidadora. Cuando recibí la terrible noticia de que Eva se había abierto la cabeza gravemente y que su labio inferior se había descolgado de su mandíbula, mi corazón se tambaleó y mi corazón desfalleció. Sin embargo, seguí proclamando en voz alta: "¡Dios ha prometido que vivirá y no morirá!".

Mientras mi bebé estaba en la unidad de trauma cubierta en su sangre, yo permanecía de pie a su lado y pronunciaba su nombre en voz baja. Le decía: "Eva, tu nombre significa 'vida'. Mamá y papá lo declararon desde el primer día, ¡y creemos que lo que Dios ha dicho es cierto!".

Acabamos de celebrar tres años desde su recuperación sobrenatural de esa caída potencialmente mortal. A los cinco años, Eva es hermosa, está robusta y sana, y llena de vida.

En las muchas veces que la vida de Eva estuvo en peligro, su padre y yo clamamos a Dios y declaramos cosas que no eran como si fuesen. Cada vez que llamábamos a Eva por su nombre… ¡declarábamos vida! Damos gracias a Dios cada día por haber escuchado su voz y obedecido su instrucción de llamar a nuestra preciosa hija Eva; ¡porque Dios es verdaderamente el Dador de la vida! Ella está viva hoy por el poder divino de la Palabra de Dios.

No hay razón por la cual tú, amigo, pierdas la batalla que estás librando en este instante. Ve a la Palabra. Léela con fe. Después créela en fe, decláral a en fe, y observa cómo tus montañas de imposibilidad ¡empiezan a desaparecer!

Escucha y cree las palabras de Jesús: "porque de cierto os digo, que si tuviereis fe como un grano de mostaza, diréis a este monte: Pásate de aquí allá, y se pasará; y *nada os será imposible*" (Mateo 17:20, cursivas del autor).

PROCLAMAR LA
BENDICIÓN PROFÉTICA

El verbo *proclamar* viene de una palabra del latín que significa "gritar". Una proclamación bíblica es una declaración oficial de la Palabra de Dios sobre la vida del creyente. La Escritura dice que debemos proclamar las alabanzas de Dios:

> *Mas vosotros sois linaje escogido, real sacerdocio, nación santa, pueblo adquirido por Dios, para que anunciéis las virtudes de aquel que os llamó de las tinieblas a su luz admirable. (1 Pedro 2:9)*

Toda proclamación debería estar basada en uno o más versículos que se apliquen a nuestra necesidad concreta. En una ocasión cuando mi querido amigo el rabino Scheinberg y yo estábamos dialogando sobre la Torá, él describió apasionadamente su amor por la Palabra: "Creo que la Palabra es Dios y que Dios es la Palabra. Creo que el *Shekinah* [el Espíritu Santo] habita entre las letras hebreas de la Palabra escrita, y según las letras saltan hacia arriba, ¡son como las lenguas de fuego dando vida a la Palabra!

Creo que la Palabra es dinámica [viva y poderosa], razón por la cual el creyente puede leer un versículo un día y significa una cosa, ¡y leer el mismo versículo otro día y significa otra cosa distinta!".

Después de haber definido tu circunstancia específica, permite que el Espíritu Santo revele los versículos que te permitirán recibir tu bendición. Una vez que los hayas identificado, comienza a proclamar las promesas de Dios sobre tu vida. Hay un milagro en tu boca activado por la Palabra viva de Dios. El rey David escribió: "Oh Dios, oye mi oración; escucha las razones de mi boca" (Salmos 54:2) y "Clamé a él con mi boca; lo alabé con mi lengua" (Salmos 66:17, NVI). Procede de leer el versículo en voz alta a la memorización sistemática de la Palabra. El rey David declaró: "En mi corazón he guardado tus dichos, para no pecar contra ti" (Salmos 119:11). La frase *en mi corazón he guardado* significa "memorizar". La expresión hebrea *aprender de memoria* es aprender de *boca*.

Los judíos que creen en la Torá comienzan sus oraciones de la mañana poniéndose el *talit* (manto de oración) y enrollándose sus *tefilín*/filacterias (pequeñas cajas que contienen rollos de pergamino de la Escritura) en su mano izquierda y en su frente mientras proclaman la Palabra de Dios. Los escritos colocados en estas cajas son Éxodo 13:1-16 y Deuteronomio 6:4-9, 13-21. Esto es lo que Deuteronomio 6:4-9 proclama:

> *Oye, Israel: Jehová nuestro Dios, Jehová uno es.*
>
> *Y amarás a Jehová tu Dios de todo tu corazón, y de toda tu alma, y con todas tus fuerzas.*
>
> *Y estas palabras que yo te mando hoy, estarán sobre tu corazón; y las repetirás a tus hijos, y hablarás de ellas estando en tu casa, y andando por el camino, y al acostarte, y cuando te levantes. Y las atarás como una señal en tu mano, y estarán como frontales entre tus ojos; y las escribirás en los postes de tu casa, y en tus puertas.*

Algunos sabios judíos creen que "llevar el tefilín es un mandamiento que incluso Dios cumple".[10] ¡Imagínalo! Jesús, un rabí que vivió por la ley de Moisés, se ponía su manto de oración y se colocaba el tefilín en su mano y su frente cada mañana antes de orar al citar al profeta Oseas:

> *Y te desposaré conmigo para siempre;*
> *te desposaré conmigo*
> *en justicia, juicio,*
> *benignidad y misericordia.*

Y te desposaré conmigo en fidelidad,
y conocerás a Jehová. (2:19-20)

Si el Hijo de Dios consideró que proclamar la Palabra era crucial para su ministerio diario, ¿cuánto más deberíamos hacerlo nosotros?

Si rehúsas proclamar la Palabra de Dios sobre tu vida y las vidas de tus seres queridos mediante la bendición profética, te estás separando de tu Sumo Sacerdote en el cielo. Dios solo se puede involucrar en tu vida y en tus sueños para el futuro cuando clamas a Él en oración. La iniciativa es *tuya*. La Biblia dice: "y todo lo que atares en la tierra será atado en los cielos; y todo lo que desatares en la tierra será desatado en los cielos" (Mateo 16:19). Dios está esperando escucharte antes de liberar su poder para hacer cumplir tu mensaje divino.

Cerca de ti está la palabra, en tu boca y en tu corazón. Esta es la palabra de fe que predicamos: que si confesares con tu boca que Jesús es el Señor, y creyeres en tu corazón que Dios le levantó de los muertos, serás salvo. Porque con el corazón se cree para justicia, pero con la boca se confiesa para salvación. (Romanos 10:8-10)

CAPÍTULO 4

LIBERAR LA *Bendición*
MEDIANTE EL TOQUE FÍSICO

Las personas con frecuencia lamentan que las bendiciones de Dios no sean evidentes en sus vidas. Creen que la bendición profética establecida en la Biblia es un premio inaccesible, o algo que Dios imparte caprichosamente en base a las buenas obras de los receptores. Por fortuna para nosotros, y a través de la bondad de nuestro Creador, *somos* capaces de liberar sus bendiciones en nuestras vidas, influenciando positivamente nuestros matrimonios y nuestras relaciones con nuestros hijos y nietos así como experimentando el favor ilimitado de Dios. Cristo lo hizo; ¿por qué no nosotros?

Mientras estuvo en la tierra, Cristo sanó y bendijo a quienes le rodeaban mediante el toque de sus manos y el poder de sus proclamaciones proféticas. ¡Nosotros también tenemos el poder del toque cuando lo unimos a la Palabra declarada de Dios! Que hay poder en el toque humano no es un concepto nuevo, ni tampoco un concepto exclusivamente religioso.

EL TOQUE FÍSICO TIENE PODER SANADOR

La ciencia ha demostrado que el toque, en y por sí mismo, tiene poder sanador. Así como múltiples milagros en la Biblia han demostrado que el toque tiene el poder de bendecir y sanar, así la ciencia médica ha demostrado que el toque físico no solo puede sanar, sino que también tiene el poder de mantenerte con una buena salud mental y emocional, dos de las mayores bendiciones de Dios.

La Dra. Tiffany Field, fundadora del Instituto para la Investigación del Toque de la Facultad de Medicina de Miami, habló del poder restaurador del toque, diciendo que produce "efectos específicos, como reducción de dolor en los pacientes de artritis, mayor flujo de aire en pacientes de asma y un aumento natural de la actividad de destrucción de células en un paciente de SIDA".[1]

Además, estudios científicos han revelado que los niños pueden de hecho morir por una falta de toque físico. En un estudio de principios del siglo XX, los índices de mortalidad en niños que vivían en edificios institucionales, específicamente orfanatos y hogares para niños abandonados, se compararon con las de los niños a los que sus padres habían desatendido.[2] El pensamiento obvio era que, como resultado de proveer las necesidades físicas de los niños, los de las instituciones tendrían un índice de mortalidad menor que los del grupo de niños cuyos padres les habían abandonado. De manera impactante, los resultados no revelaron diferencia alguna entre los índices de mortalidad de los niños desatendidos en familias y los niños en orfanatos. Aunque las instituciones suplían los requisitos físicos de los niños, como comida, vestido y refugio, "morían tantos niños como sobrevivían" con este cuidado institucionalizado.[3]

Más específicamente, un estudio de los orfanatos americanos en 1915 descubrió que el índice de mortalidad para niños menores de dos años estaba entre el 32% y el 75%, con ciertos hospitales de Baltimore y Nueva York llegando a índices de mortalidad de aproximadamente el 90% y casi el 100%, respectivamente.[4] Sin embargo, al margen de este estudio, escasamente quince años pasarían antes de que estos inquietantes índices de mortalidad se atribuyeran a la falta de toque físico. Los niños en estas instituciones no recibían toque alguno debido a la indiferencia de sus cuidadores y debido también a las normas sociales de ese tiempo que prohibían tal cosa. A finales del siglo XIX y principios del XX, el contacto afectivo entre los cuidadores y los niños en esas instituciones no era común, si es que no estaba prohibido.[5]

Sin embargo, a finales de 1920, en un intento de determinar los efectos curativos del toque, los que cuidaban bebés en el hospital Bellevue de Nueva York recibieron órdenes de incluir el toque físico en el cuidado diario de sus pacientes pediátricos. Sorprendentemente, después de que el hospital incorporase el contacto físico afectivo en sus planes de tratamiento, los índices de mortalidad de los niños hospitalizados disminuyeron en más de un 20%.[6] Por lo tanto, el contacto físico entre cuidadores y el niño se convirtió en la regla en vez de la excepción. Una vez que esta práctica se integró en orfanatos, los índices de mortalidad de niños en estas instituciones cayó en picado.[7]

ÉL ME TOCÓ

Aunque este estudio fue muy importante para el descubrimiento científico de la "privación de toque" contra el impacto positivo del toque, se podría haber llegado a la misma conclusión leyendo la Palabra de Dios: podemos ver que Cristo dio un ejemplo similar. Mateo 19:13-15 dice:

> *Entonces le fueron presentados unos niños, para que pusiese las manos sobre ellos, y orase; y los discípulos les reprendieron. Pero Jesús dijo: Dejad a los niños venir a mí, y no se lo impidáis; porque de los tales es el reino de los cielos. Y habiendo puesto sobre ellos las manos, se fue de allí.*

En su obra *The Gift of the Blessing* [El regalo de la bendición], Gary Smalley y John Trent destacan que al imponer sus manos sobre los niños, Jesús no solo estaba intentando enseñar a la multitud una "lección espiritual", sino que al tocarles, también estaba supliendo las necesidades concretas de los niños.[8] Los autores exponen que si el objetivo de Cristo hubiera sido meramente enseñar, habría usado meramente a los niños como un objeto de su lección, como hizo en Mateo 18. Ahí, cuando los discípulos le preguntaron: "¿Quién es entonces el mayor en el reino de los cielos?", Jesús respondió llamando a un niño a que se acercara, poniendo a ese niño "en medio de ellos.", y enseñándoles que a menos que las personas se conviertan y se hagan como "niños", no podrán entrar en el reino de los cielos (vv. 1-3). Sin embargo, en Mateo 19 Cristo no solo enseñó una lección espiritual, sino que también suplió las necesidades físicas, emocionales y espirituales de los niños. Cristo, en su sabiduría perfecta, "demostró su conocimiento de la necesidad genuina de un niño": les tocó.[9]

Además de suplir sus necesidades físicas, al poner sus manos sobre esos niños Cristo también estaba reiterando la importancia del toque en la tradición hebrea de liberar la bendición sobre nuestros hijos. Uno no tiene que mirar más allá de Génesis 27, y "lo que Jacob y su madre estuvieron dispuestos a hacer para conseguir las manos de bendición de Isaac sobre la cabeza de Jacob"[10], para darse cuenta de la importancia del toque con respeto a recibir la bendición divina de Dios.

LA HISTORIA DE SANDY

Recuerdo la crisis de vida y muerte que vivimos Diana y yo con nuestra hija menor, Sandy, horas después de su nacimiento. Aunque Diana dio a luz a Sandy tres semanas y media antes de la fecha del parto, todo parecía perfecto al principio. Sandy era hermosa y, más importante aún, ¡aparentemente saludable! Tras cargar a nuestra nueva bebita durante varias horas, Diana y yo le dimos gracias al Señor por su bondad. Me despedí de las dos y salí del hospital para cuidar de los otros cuatro hijos que estaban esperando en casa. ¡Las cosas no nos podían haber ido mejor!

Mientras Diana cargaba a Sandy, examinaba cada detalle de nuestra pequeña recién nacida. Cuando la enfermera de neonatos entró para llevar de nuevo a Sandy al cunero, Diana le informó del sonido de ronroneo procedente de nuestra preciosa bebé cada vez que respiraba. La enfermera tomó nota y sacó a Sandy de la habitación. Diana me llamó para decirme buenas noches, y de nuevo hicimos una oración de agradecimiento por las muchas bendiciones que Dios nos había concedido.

Pasaron varias horas antes de que tres especialistas que llegaron a la habitación despertaran a Diana para una consulta. Estuvieron de pie a su lado y compartieron su triste diagnóstico: "Hemos examinado a su bebé y hemos visto que sus pulmones no están funcionando correctamente. Tras un análisis de sangre inicial, sentimos que quizá pueda tener una infección en su flujo sanguíneo que podría terminar con su vida. Necesitamos su permiso para seguir haciéndole pruebas".

Diana estaba bloqueada. Rápidamente firmó los papeles que permitían a los doctores hacer miles de pruebas adicionales a nuestra diminuta bebita. Después Diana me llamó. Me desperté después de la medianoche de un sueño profundo y tranquilo con el estruendo del sonido del teléfono, nunca una buena señal en el hogar de un pastor.

Diana comenzó a contarme entre lágrimas lo que habían dicho los doctores. Tras consolar a mi esposa con las promesas de Dios, nos unimos en oración por nuestra hija. Le dije a Diana que estaría en el hospital tan pronto como la niñera llegara al día siguiente para cuidar de nuestros cuatro hijos. Nunca me pude dormir de nuevo; en cambio, me puse a orar hasta que amaneció.

Me apresuré hasta el hospital por la mañana temprano y vi que Diana no estaba en su habitación. Fui a toda prisa hasta el puesto de enfermeras, y ellas me guiaron hasta la unidad de neonatos, donde vi los ojos hinchados de Diana mirando fijamente el contenedor de plástico en el que se encontraba nuestra bebé. La última vez que había visto a Sandy estaba en los brazos de su madre, envuelta en una manta rosa con su cabello negro, grueso y radiante asomando por debajo de su gorrito rosa. Ahora estaba conectada a lo que parecían todos los cables del mundo y conectada a una batería de monitores. Su pequeño pecho se movía hacia arriba y hacia abajo luchando en cada respiración. Miré a los ojos de Diana y vi a una madre angustiada viendo a su bebé luchar por su vida. Las lágrimas corrían por mi rostro. Abracé a mi esposa y susurré: "Señor, Dios de Abraham, de Isaac y de Jacob, ¡ayúdanos!".

Nos sentamos mirando fijamente a nuestro precioso regalo de vida y sintiéndonos impotentes. De repente, una enfermera se nos acercó y dijo: "No tengan miedo de tocar a su bebé. Por favor asegúrense de haberse lavado, y luego pueden poner sus manos en la incubadora y dejarle saber que están aquí". Diana y yo nos sentimos aliviados de poder demostrar a nuestra pequeña bebé que estábamos allí a su lado.

Ambos nos lavamos las manos concienzudamente y nos pusimos guantes, gorros y cubrezapatos especialmente esterilizados. Me acerqué al contenedor de plástico que contenía nuestro tesoro. La enfermera abrió la puerta de la incubadora, y recuerdo poner mi enorme mano sobre su diminuto pecho, temiendo que pudiera hacerle daño. Gemí: "Señor, te pido que sanes a mi bebé. Dale un espíritu luchador para vencer esta batalla. Escojo la vida sobre la muerte, y bendiciones para su vida ahora y para siempre. Padre, dirige a los médicos terrenales y trae sanidad a nuestro bebé".

A partir de ese momento, nunca nos fuimos del lado de Sandy. Diana y yo tocábamos su pequeño cuerpecito en cada oportunidad que nos concedían. Le cantamos, le dijimos que le amábamos y oramos por ella sin cesar. De hecho, el obstetra de Diana quería darle el alta al tercer día después del nacimiento de Sandy. Diana se negó rotundamente a irse del hospital, diciendo: "¡No salgo de este hospital sin mi bebé!". El doctor sabio cambió de idea inmediatamente.

El pequeño cuerpecito de nuestra bebé Sandy aguantó seis días completos de invasivas pruebas. Al séptimo día los doctores se reunieron con nosotros nuevamente para presentarnos sus hallazgos. Me senté junto a Diana y le apreté fuertemente su mano mientras los doctores entraban a nuestra habitación, sentándose enfrente de la cama de Diana. Nuestro corazón latía mientras esperábamos oír los resultados.

El jefe de neonatos nos dejó sin respiración con sus primeras palabras: "No sabemos bien cómo decírselo, pero…". Hizo una pausa que nos pareció una eternidad. "Poco después del nacimiento de su bebé, desarrolló problemas respiratorios y también una infección en la sangre. Sin embargo, tras exhaustivas pruebas, hemos visto que ya no muestra síntomas de ninguno de estos problemas. No creo que hiciéramos un mal diagnóstico. Lo único que podemos decir es que está saludable y lista para irse a casa".

"¡Saludable y lista para irse a casa!". Eso es lo que oímos, y fue como música del cielo. Diana ya tenía su maleta hecha. Podíamos irnos del hospital enseguida. Estábamos muy agradecidos a Dios por oír nuestras oraciones y sanar a Sandy.

Esperamos a que la enfermera nos la trajera, y nos dimos cuenta de que era la misma enfermera que nos había dado permiso para tocar a Sandy cuando estaba luchando por su vida. Le dimos muchas gracias a la enfermera por su ánimo. Ella compartió nuestra emoción por las buenas noticias y nos explicó que había cuidado de bebés nacidos con problemas menores que no habían tenido a nadie que les amara o tocase y que, sin razones médicas, lentamente entregaron su voluntad a seguir viviendo y murieron. Nos informó de que el hospital había iniciado un programa para abuelos donde voluntarios mayores vendrían a cargar a pequeños bebés enfermos y a darles amor hasta que estuvieran fuera de peligro. ¡El poder de un toque amoroso tiene el poder de la vida!

El poder de la bendición profética también perdura. Había orado que Sandy recibiera un "espíritu luchador" para ganar su batalla, y esa bendición declarada perdura hasta el día de hoy. Sandy es ahora una abogada que usa ese espíritu luchador en su vida diaria. También ha tenido que reclamar esa fortaleza interior natural varias veces en las vidas de sus propios hijos. ¡El poder de la bendición declarada prevalece y vence!

NUNCA DEJAREMOS ATRÁS NUESTRA NECESIDAD DE TOQUE

La necesidad del toque no es solo un rasgo infantil, ni es algo que vayamos a dejar atrás algún día. La ciencia ha confirmado que tanto si es un niño que aún no ha nacido y está en el vientre de su madre, o un centenario en los últimos años de su vida, la necesidad física de toque nunca cesa. La verdad es que, a medida que nos hacemos mayores, nuestra necesidad de toque humano aumenta.

Mientras investigaba la evidencia médica con respecto al poder del toque, me crucé con algunos datos con los que me identifiqué a nivel personal. En su libro *Touch* [El toque], Tiffany Field ha destacado que cuanto más envejecen las personas, más quieren que les toquen. Pero irónicamente, cuanto más mayor se hace uno, menos oportunidades tiene de que otro le toque. Ya sea debido a la pérdida de su cónyuge, amigos o familiares por una muerte o por un fallo en la salud, hay miles de razones por las que el aumento de edad lleva a un descenso en el tipo de intercambios sociales que producen toque humano e interacción.[11] De hecho, la investigación ha revelado que esos "déficits sensoriales" llevan a un extra de "rasgos seniles" en residencias de ancianos.[12] En cambio, esos residentes que recibieron toque en forma de terapia de masaje, abrazos o incluso solamente apretar el brazo mostraron menos rasgos seniles.

LA HISTORIA DE VADA

Estas verdades las entiendo especialmente. Durante años, le rogaba a mi viuda madre que se mudase de su casa en Channelview, Texas, donde vivió con mi padre durante casi toda su vida de casados, a San Antonio, donde yo había vivido durante más de cincuenta años.

A pesar de mis reiteradas peticiones para que se mudara a San Antonio, mamá rehusó irse de su casa. Amablemente, honré su deseo y saqué el máximo partido a las veces que nos vimos. Mi madre era extremadamente independiente. Seguía dirigiendo los asuntos familiares después de la muerte de mi padre, y lo hacía muy bien. No le preocupaba vivir sola. De hecho, mamá era una amante de sus derechos de la Segunda Enmienda y no le daba miedo utilizarlos. Mi hermano y yo tuvimos que quitarle el detonador de su arma cargada que guardaba debajo de su almohada por temor a que resultara herida o que lastimara a cualquier visitante inesperado.

Pero, entre una visita y otra, noté una diferencia en mi madre. Aunque su cuerpo estaba bien y su salud intacta, hubo un cambio en ella. Yo no sabía la fuente del problema, pero sabía que algo no estaba igual. Después de veinte años de respetar su deseo de estar sola en su casa, me di cuenta de que tenía que actuar en contra de los deseos de mi empecinada madre y llevarla a mi ciudad de residencia. Había llegado a un estado mental en el que no sabía si había comido o no; se dejó el gas encendido en la cocina abierto del todo sin encender la llama; y finalmente no reconocía a sus propios hijos cuando entraban en la habitación.

Con la llegada de mi madre a San Antonio, Diana y yo nos reunimos con los mejores doctores disponibles para descubrir qué le pasaba. ¿Era Alzheimer o demencia? Amplias pruebas médicas determinaron que mi madre estaba físicamente bien aunque muy frágil. Su corazón era fuerte; sus pulmones estaban limpios; y a pesar de los asuntos de salud secundarios comunes, que casi todas las personas experimentan a los noventa y dos años de edad, no había nada mal en su salud per se.

Entonces, ¿cuál era el problema? En términos laicos, los doctores dijeron que la falta de interacción diaria con otras personas debido a que vivió sola durante tantos años había producido un efecto deteriorador en su mente. Tenía un grado leve de demencia debido simplemente a una falta de contacto humano. ¡Yo estaba muy frustrado conmigo mismo por no hacer que mi madre se mudase antes!

Descubrimos una residencia excelente a menos de dos kilómetros de mi oficina, así que podía visitarla regularmente. Además de las ayudas en el centro de cuidados, Diana contrató a unas cuidadoras maravillosas para estar con mi mamá veinticuatro horas al día. Sabíamos que la residencia tenía un equipo adecuado y las mejores enfermeras y doctores de la ciudad, pero no queríamos que mi mamá volviera a estar sola ni un momento.

No solo no quería que *estuviera* sola y que no detectaran alguna de sus necesidades, sino que no quería que se *sintiera* sola. Hay sutilezas como un suspiro que puede ser una señal de una necesidad, o un quejido que podría indicar descontento, y que es fácil perder cuando una enfermera tiene que cuidar de muchas personas. Sin importar lo que ocurriera, alguien estaba ahí siempre para asegurar a mamá que no estaba sola.

Además de ayudar con su cuidado médico, las cuidadoras de mi mamá, a quienes aludíamos como "angelitos", también le tomaban de la mano, le acariciaban el rostro, y le daban masajes en el cuerpo con una loción desde la cabeza a los pies dos veces al día. Le hablaban con ternura y frecuentemente, incluso cuando ella no respondía verbalmente. Impactados, comenzamos a darnos cuenta de que las cuidadoras de mi madre, inicialmente contratadas para proporcionar compañía y nuestra paz mental, la mantenían "en contacto" con la vida mediante su constante y amorosa interacción con ella. Cuando se mudó a San Antonio, era un sombrío reflejo de su antiguo yo; en cuestión de meses su peso volvió a ser "saludable típico de los Hagee". Más aún, muchos de los síntomas de la demencia desaparecieron.

Mi madre deseaba ir al cielo más que mis nietos quieren ir a Disney World; sin embargo, ella se graduó del cuidado del hospicio ¡tres veces en sus últimos cuatro años! El Señor tuvo muchas oportunidades de llamar a mi madre a su presencia. Mamá hizo saber hacía décadas que no quería que prologásemos su vida artificialmente, y honramos sus deseos.

Cuando había que tomar decisiones difíciles, simplemente escogíamos la vida mientras orábamos por ella. La Palabra de Dios claramente instruye: "os he puesto delante la vida y la muerte, la bendición y la maldición; escoge, pues, la vida, para que vivas tú y tu descendencia" (Deuteronomio 30:19). Y en cada caso Dios intervino y cumplió su Palabra cuando ella sorprendió a sus doctores y desafió toda probabilidad.

Lo admito, no esperaba que mi madre llegara a ser casi centenaria, y a menudo me preguntaba qué era lo que el Señor había planeado para su vida. Sin embargo, estoy convencido de que el *poder de un toque amoroso* ayudó a extender la vida de mi madre.

Sé que Dios es demasiado sabio para cometer un error, y Él es demasiado amoroso como para ser desagradable. Así que le di gracias al Señor por el tiempo extra que me permitió tener con mi madre, y sé que, entre otras cosas, ella era mi guerrera de oración número uno. Por eso, estaré eternamente agradecido y siempre en deuda con mi madre quien, a través del poder de la bendición parental, cambió mi vida para siempre.

Cuando era un niño, mamá reunía a sus hijos para orar cada noche, pero la noche del sábado era siempre una oración en preparación para la iglesia el domingo, donde la familia Hagee pasaba todo el día. Nuestro ritual del sábado en la noche era escuchar el Grand Ole Opry en la radio mientras comíamos palomitas maíz recién hechas y bebíamos té dulce en jarras de un litro.

Al terminar la noche, nos reuníamos para orar en nuestra sala de estar. Mamá ponía sus manos sobre las cabezas de sus hijos y oraba la bendición profética de Dios sobre nuestras vidas. Aún puedo oír las fervientes oraciones de mi madre; ella no dudaba nunca del poder de la Palabra de Dios declarada. De niño, casi sentía lástima por el diablo cuando oía a esta celosa guerrera de oración en acción. Estaba seguro de que estaba temblando en un rincón del infierno, porque Vada Hagee tenía una relación muy personal con Jesucristo.

Un Dios amoroso y misericordioso ciertamente ha oído y respondido sus oraciones durante todos estos años. Estoy seguro de que sin las bendiciones proféticas que mi madre declaró sobre mí, mi vida sería muy distinta hoy, y no para bien. Estoy muy agradecido por haber sido criado en un buen hogar y porque, mediante su obediencia a Dios, mi madre cumplió su papel como autoridad espiritual sobre sus hijos, bendiciendo nuestras vidas de innumerables formas.

A treinta días de su cumpleaños número noventa y nueve, el 30 de abril de 2012, mi madre y el Señor hicieron los últimos arreglos terrenales. Dios envió a sus huestes celestiales para escoltar a Vada Mildred Hagee a través de las puertas del cielo a su gloriosa morada eterna donde había anhelado estar durante muchos años. Al dejar la esclavitud de su frágil tienda terrenal, su espíritu proclamó: "He peleado la buena batalla, he acabado la carrera, he guardado la fe" (2 Timoteo 4:7). Y con eso, entró en el cielo, dejándonos a mí y a los que siguen detrás de mí con este mandato: "sé sobrio en todo, soporta las aflicciones, haz obra de evangelista, cumple tu ministerio" (v. 5). Te Amo, Mama.

EL SUMO SACERDOTE DEL HOGAR

Así como mi madre tenía autoridad sobre sus hijos, mi padre tenía autoridad sobre nuestra casa. De hecho, hay una relación paralela entre Cristo como la cabeza de la Iglesia y el padre como el cabeza del hogar cristiano. Jesucristo es nuestro Sumo Sacerdote. Así como los sumos sacerdotes levíticos del Antiguo Testamento eran los conductos entre los hijos de Israel y el Dios Todopoderoso, Jesucristo vino a la tierra para servir como nuestra cuerda salvavidas con el Padre. Hebreos dice: "Por tanto, teniendo un gran sumo sacerdote que traspasó los cielos, Jesús el Hijo de Dios…" (4:14).

Más aún, así como Jesús es el Sumo Sacerdote de su Iglesia, los padres son los sumos sacerdotes de sus hogares (Efesios 5:23). Así como Cristo puso sus manos sobre los niños terrenales, cada padre amoroso debería poner sus manos sobre sus hijos para liberar el poder de la bendición profética en sus vidas.

En el libro de Números, el Señor dio instrucciones específicas respecto a bendecir a los hijos de Israel. Le dijo a Moisés que hiciera que Aarón, su sumo sacerdote, bendijera a los hijos de Israel recitando la bendición sacerdotal:

Jehová te bendiga, y te guarde;
Jehová haga resplandecer su rostro sobre ti,
y tenga de ti misericordia;
Jehová alce sobre ti su rostro,
y ponga en ti paz. (Números 6:24-26)

Después, en el versículo 27, el Señor continuó: "Y pondrán mi nombre sobre los hijos de Israel, y yo los bendeciré". En la práctica, los sacerdotes no solo bendecían a los hijos de Israel diciendo el nombre de Dios, sino que literalmente con sus dedos trazaban el nombre de Dios sobre la frente o la mano derecha de todo aquel a quien bendecían. Al hacerlo, los sacerdotes tocaban físicamente y ponían el nombre de Dios sobre los hijos de Israel.[13]

Esta forma de contacto es tan importante que desde los tiempos de Moisés hasta hoy, cada viernes al atardecer en los hogares judíos de todo el mundo, los padres ponen sus manos sobre las cabezas de sus hijos y les bendicen con estas mismas palabras.

Aunque el pueblo judío es descendiente físico de Abraham, los cristianos son sus descendientes espirituales. Gálatas 3:29 dice: "Y si vosotros sois de Cristo, ciertamente linaje de Abraham sois, y herederos según la promesa". Por lo tanto, los padres cristianos, como simiente de Abraham, deberían poner sus manos sobre sus hijos y bendecirlos también.

No solo los padres deben usar el toque para bendecir a sus hijos, sino que también deberían usar el toque para enseñar a sus hijos. La Palabra dice: "Y vosotros, padres, no provoquéis a ira a vuestros hijos, sino criadlos en disciplina y amonestación del Señor" (Efesios 6:4). Aunque todos estamos familiarizados con el mandato bíblico de disciplinar a nuestros hijos, temo que algunos puedan pasar por alto el mandato de "criar" a sus hijos. La traducción griega de la palabra *criadlos* es *ektrefo*, que significa "nutrir hasta la madurez" y "alimentar".[14]

Colosenses 3:21 manda que los padres no "provoquen a sus hijos, para que no se desanimen". En consecuencia, nutrir requiere algo más que simplemente dar lo que se requiere físicamente para sobrevivir. Nutrir a nuestros hijos es abrazarles, cargarles en tus brazos, hablarles con amor, animarles y besarles diariamente.

Más importante aún, ya sea que disciplines a tus hijos o les nutras, todos estos actos deben hacerse en amor. Después de haber dicho y hecho todo, se suele decir más que hacer. El amor no es lo que dices; ¡amor es lo que *haces*!

EL TOQUE QUE BENDICE

¿Qué mejor forma de mostrar que amas a tus hijos que a través del toque tierno y amoroso? Desgraciadamente, no solo algunos padres descuidan bendecir a sus hijos con palabras, sino que también fracasan a la hora de tocarles de maneras significativas. Observa de nuevo en el versículo de Efesios mencionado arriba que los padres deben "criar" o "nutrir" a sus hijos "hasta la madurez". El punto es que los padres tienen que nutrir a sus hijos de estas formas significativas hasta que sean adultos. Hasta, idealmente, que encuentren un cónyuge que entonces asuma el papel de quien nutre.

Tan imperativo es el toque para el desarrollo de un hijo hasta que sea adulto, que la investigación sugiere que la violencia física en la adolescencia es el resultado de la privación del toque en la infancia.[15] Un estudio conducido por el Dr. J. H. Prescott "reveló que la mayoría de los delincuentes juveniles y criminales vienen de padres abusivos o descuidados" y que "la privación del toque físico, contacto y movimiento son las causas básicas de un gran número de desequilibrios emocionales".[16] Central para la teoría del Dr. Prescott es que "la falta de estimulación sensorial en la infancia lleva a la adicción a la estimulación sensorial en la vida adulta, dando como resultado delincuencia, consumo de drogas y delitos".[17]

Este estudio fue dirigido en cuarenta y nueve culturas comparables no industrializadas del planeta. Las únicas diferencias distinguibles en estas culturas de otra forma similares, eran que cuando los hijos dentro de una cultura en concreto recibía un mínimo afecto físico, esa cultura mostraba índices elevados de violencia adulta. En cambio, cuando una cultura mostraba altos niveles de afecto físico hacia sus hijos, no había presencia de violencia adulta.[18]

El estudio del Dr. Prescott parece ser la Palabra de Dios en acción, y es un ejemplo casi exacto de lo que ocurre en una cultura cuando los padres provocan a sus hijos a ira. Nunca deja de sorprenderme cuando veo que se cumple totalmente la verdad de la Escritura en el crisol llamado vida.

A pesar del hecho de que el toque ha demostrado ser un componente necesario del desarrollo saludable, el toque significativo está prácticamente prohibido en nuestra sociedad excesivamente contenciosa en América. Un estudio realizado en el Touch Research Institute Nursery School reveló que, a pesar del nombre de la escuela, su personal raramente tocaba a sus alumnos. El temor a ser acusados de abuso sexual era la motivación de los maestros para frenarse a la hora de tocar a sus alumnos.[19]

Qué irónico que en nuestra sociedad "informada" de hoy, estemos tan desorientados con respecto a lo que es apropiado para los niños. Algunas personas han pedido que la educación sexual comience en las guarderías, y a la vez nuestros educadores temen dar a sus alumnos una

palmadita de afirmación en la espalda para que no se ma-
linterprete como un acoso sexual.

El enemigo ha tomado algo que Dios nos ha dado,
como el poder del toque, e intenta usarlo como un arma
en contra de nosotros. Por lo tanto, no dejemos que el
progreso secular nos quite eso con lo que Dios nos ha
bendecido: ¡el poder del toque! Dios nos ha bendecido
para que podamos ser de bendición. Dios nos ha dado el
mandato de tocar amorosamente a otros, y evidencia de
esto la vemos a lo largo de toda la Palabra escrita: desde la
creación de Dios de Adán y Eva en el huerto (Génesis 2:7)
al mandato que Cristo dio a su Iglesia de tocar: *"sobre los
enfermos pondrán sus manos, y sanarán"* (Marcos 16:18).

Como creyentes, debemos tocar para bendecir. Sin el
toque afectivo, no estamos liberando el poder de la bendición profética que declaramos sobre nuestros hijos, y
nuestros nietos, y futuras generaciones.

¿Cuándo fue la última vez que pusiste tus manos amorosamente sobre tus seres queridos y les bendijiste? No
pienses en ello…*¡hazlo!*

Capítulo 5

CÓMO LIBERAR LA *Bendición* PROFÉTICA SOBRE TUS HIJOS

Aunque es de mucha inspiración leer o hablar del poder de la bendición profética, es mejor declararla sobre tus hijos y nietos. Los padres y madres judíos oran la bendición sobre sus hijos cada día de reposo. La bendición la puede dar la madre o el padre en cualquier momento del día. Bendecir a tus hijos cada día antes de irse a la escuela o antes de acostarse es un acto que nunca tendrás que lamentar haber hecho y una bendición que tus hijos nunca olvidarán.

La otra mañana me acerqué calladamente hasta la casa de mi hija Tina y le vi poner sus manos sobre la cabeza de su hija, Micah, antes de salir para una competición de matemáticas. Le escuché declarar la bendición profética sobre su hija. Una escena incluso más hermosa fue ver a Micah de pie enfrente de su madre de forma reverente, recibiendo impacientemente cada palabra que salía de la boca de su autoridad espiritual.

Antes de que mi hija y mi yerno, Sandy y Ryan, se fueran de viaje recientemente, reunieron a sus dos hijas, Olivia y Ellie, para declarar una bendición de protección, paz y gozo sobre ellas. Sandy contaba que cuando Ryan hubo terminado, Olivia, que tenía cinco años, comenzó a llorar. Al preguntarle por qué estaba llorando, ella respondió: "Papi, tu oración me hizo sentir muy bien. Estoy llorando porque me siento feliz".

Dios es la fuente de toda bendición, y Él ha escogido liberar la bendición profética sobre tu familia a través de la autoridad espiritual. Dios está listo y dispuesto a abrir las ventanas de los cielos y bendecirte con bendiciones que no es posible que puedas contener. "Toda buena dádiva [bendición] y todo don perfecto desciende de lo alto, del Padre de las luces, en el cual no hay mudanza, ni sombra de variación" (Santiago 1:17).

Al prepararte para declarar las bendiciones ordenadas por Dios sobre tus hijos, permíteme dar un ejemplo de una vez que declaré una bendición profética sobre uno de mis hijos.

LA HISTORIA DE MATTHEW

Cuando nuestro hijo Matthew tenía unos nueve años, le dijo a su madre mientras ella le acostaba un sábado en la noche: "Tengo que hablar con papá".

Mi esposa tiene un factor curiosidad que se sale de toda gráfica. El "tengo que hablar con papá" de Matthew produjo una avalancha de preguntas a su madre.

—¿Sobre qué tienes que hablar con papá? ¿Hay algún problema? ¿Hiciste algo malo? Es sábado por la noche; sabes que tu papá está perdido en su estudio para el sermón de mañana.

Matt se mantuvo firme..

—Mamá, tengo que hablar con papá esta noche, ¡y tengo que hacerlo ahora!

Diana vino a mi estudio con una mirada en su rostro de preocupación y me transmitió el mensaje de Mathew.

—¿Sobre qué quiere hablar? —le pregunté.

—No me lo ha querido decir —respondió—. Dijo que tú eres la única persona con la que quiere hablar.

Cerré mi Biblia, metí las notas de mi sermón en mi maletín, y subí las esclareas hacia el cuarto de Matthew. Mi mente iba a mil por hora al intentar visualizar lo que habría ocurrido en la vida del joven Matthew que le hiciera pedir hablar específicamente conmigo con carácter urgente.

De nuestros cinco hijos, Matthew fue siempre el más hablador. Prácticamente nació hablando. Comenzó a decir frases completas tan temprano en su vida, que los adultos veían entretenido mantener conversaciones con él incluso cuando era un niño.

Entré en su cuarto, el cual estaba débilmente iluminado con una luz nocturna que había junto a su cama. Pude ver lágrimas en sus ojos, y mi factor de preocupación se disparó por las nubes. *¿Qué habría ocurrido? ¿Qué habría hecho?* Me consoló que era demasiado joven como para robar bancos, tomar drogas o perseguir a las chicas. *¿Qué podría haber hecho un niño de nueve años para hacerle llorar?*

Me arrodillé junto a su cama mientras las lágrimas rodaban por sus mejillas. Me derretí como la mantequilla.

—¿Qué ha ocurrido, Matt?

—Papá —dijo con una voz temblorosa—, hoy he dicho algo que siento que ha ofendido a Dios.

—¿Te gustaría hablar de ello?

—¡No! Solo quiero asegurarme antes de dormirme de que Dios me perdonará, y si tú se lo pides, sé que lo hará.

Mientras escuchaba atentamente, pensé en el profeta Samuel, quien de niño oyó la voz del Señor llamándole cuando el sumo sacerdote de Israel no había oído la voz de Dios. Desde que nació Matthew, Diana y yo habíamos orado pidiendo la doble bendición sobre su vida: "Cuando habían pasado, Elías dijo a Eliseo: Pide lo que quieras que haga por ti, antes que yo sea quitado de ti. Y dijo Eliseo: Te ruego que una doble porción de tu espíritu sea sobre mí" (2 Reyes 2:9).

En un instante, esta conversación nocturna pasó de ser otra charla con papi a un momento en el tiempo cuando la mano de Dios estaba moldeando el futuro de un hijo… mi hijo. Cambié de posición, de consejero a sumo sacerdote de mi casa.

Le pedimos perdón a Dios, y luego puse mis dos manos sobre la cabeza de Matt y oré la bendición sacerdotal sobre mi hijo. Después de la bendición, le pedí al Señor que le protegiera de las fuerzas del mal; que perdonara sus ofensas; que le diera una buena salud; y que enviara ángeles delante y detrás de él para guiarle todos los días de su vida.

Le pedí al Señor que llevara a Matthew al servicio de Dios como ministro del evangelio y que le diera una buena esposa y buenos hijos que fueran toda su vida una fuente de gozo. Nos abrazamos fuerte, salí de su cuarto y me encontré con Diana, que estaba sentada en el último escalón de las escaleras de las habitaciones. Le conté lo sucedido, y nos abrazamos y oramos, dándole gracias a Dios por nuestro hijo, su sensibilidad al Espíritu Santo, y por su futuro.

Veinticinco años después, cada palaba de esa bendición profética se ha convertido en una realidad.[1] Ahora es el momento de liberar este mismo poder sobrenatural de la bendición profética sobre tus hijos y nietos, ¡y después ver cómo Dios transforma sus vidas!

PREPÁRATE PARA LIBERAR LA BENDICIÓN PROFÉTICA

Primero, prepárate tú mismo buscando al Señor en oración. Después levántate, extiende tus manos hacia tu ser querido, y repite la bendición sacerdotal de Números 6:24-26 sobre él o ella:

Jehová te bendiga, y te guarde;
Jehová haga resplandecer su rostro sobre ti,
y tenga de ti misericordia;
Jehová alce sobre ti su rostro,
y ponga en ti paz.

El siguiente versículo (Números 6:27) confirma que hay un orden divino en el asunto de liberar el poder sobrenatural de la bendición profética: "Y pondrán [los que están en autoridad espiritual] mi nombre sobre los hijos de Israel". La palabra *y* deja claro que las instrucciones exactas que Dios ha dado en el texto anterior han de realizarse exactamente a fin de liberar su bendición.

Examinemos los seis requisitos bíblicos para liberar y recibir la bendición profética mientras te preparas para proclamar en voz alta la bendición profética dirigida por el Espíritu Santo sobre la vida de tu hijo.

SEIS REQUISITOS BÍBLICOS PARA LIBERAR Y RECIBIR LA BENDICIÓN PROFÉTICA

1. La bendición profética la debe impartir una persona en autoridad espiritual.

La bendición le pertenece a Dios. Él ordenó a Aarón y los sacerdotes que fueran su autoridad espiritual delegada; ellos eran la tubería por la que fluía la bendición profética.

Habla a Aarón y a sus hijos y diles: Así bendeciréis a los hijos de Israel. (Números 6:23)

Aarón era el sumo sacerdote de Israel, y sus hijos eran de la tribu de Leví, que constituía el sacerdocio. Ellos eran la autoridad espiritual de la nación de Israel. Jesucristo pertenecía a la tribu de Judá; Él no era levita. Sin embargo, Cristo se convirtió en nuestro Sumo Sacerdote, como narra Hebreos 7:14-17:

Porque manifiesto es que nuestro Señor vino de la tribu de Judá, de la cual nada habló Moisés tocante al sacerdocio. Y esto es aun más manifiesto, si a semejanza de Melquisedec se levanta un sacerdote distinto, no constituido conforme a la ley del mandamiento acerca de la descendencia, sino según el poder de una vida indestructible. Pues se da testimonio de él:
Tú eres sacerdote para siempre,
Según el orden de Melquisedec.

El punto de lógica es que los hombres del Antiguo Testamento de la tribu de Leví eran sacerdotes de nacimiento. El sacerdocio del creyente pasó a Jesucristo mediante su muerte y resurrección en la cruz como un "sacerdote para siempre" (Salmos 110:4; Hebreos 7:17).

Cuando una persona se convierte en un creyente en Jesucristo, es una "piedra viva", según 1 Pedro 2:5: "vosotros también, como piedras vivas, sed edificados como casa espiritual y sacerdocio santo, para ofrecer sacrificios espirituales aceptables a Dios por medio de Jesucristo".

Cada creyente se convierte en una piedra viva en el momento de la conversión. Somos un sacerdocio santo, y después Pedro nos llamó a un "sacerdocio real" (1 Pedro 2:9). Por lo tanto, los creyentes, tanto hombres como mujeres, tienen la autoridad espiritual para liberar la bendición de Dios sobre sus hijos así como recibir la bendición de su propia autoridad espiritual.

2. La bendición profética se dará de pie.

En las Escrituras, *estar de pie* es una señal de reverencia y respeto. Todos los sacerdotes se ponían de pie cuando ministraban al pueblo. El pueblo se puso de pie cuando Salomón dedicó el Templo. Jesús está de pie a la diestra de Dios.

En aquel tiempo apartó Jehová la tribu de Leví para que llevase el arca del pacto de Jehová, para que estuviese delante de Jehová para servirle, y para bendecir en su nombre, hasta hoy. (Deuteronomio 10:8)

Y volviendo el rey su rostro, bendijo a toda la congregación de Israel; y toda la congregación de Israel estaba en pie. (2 Crónicas 6:3)

[Los levitas]Y servirán en mi santuario como porteros a las puertas de la casa y sirvientes en la casa; ellos matarán el holocausto y la víctima para el pueblo, y estarán ante él para servirle. (Ezequiel 44:11)

Y le dijo el Señor [a Moisés]: Quita el calzado de tus pies, porque el lugar en que estás es tierra santa. (Hechos 7:33)

[Esteban] lleno del Espíritu Santo, puestos los ojos en el cielo, vio la gloria de Dios, y a Jesús que estaba a la diestra de Dios. (Hechos 7:55)

En el ejército americano, cuando un oficial entra en la sala, todos los que tienen un rango menor se levantan al unísono y saludan. Yo he tenido el honor de visitar a muchos de los primeros ministros de Israel, y cuando entran en la sala, todos inmediatamente se levantan para saludar y mostrar honor al oficio más alto de la tierra. Cuando leo el texto bíblico antes de predicar a la congregación de Cornerstone, les pido que se pongan de pie para honrar la Palabra de Dios.

Muchos relatos bíblicos confiables confirman que uno debe estar de pie cuando declara la bendición profética, en reverencia a Dios, que es finalmente quien está concediendo la bendición sobre sus hijos a través de su Palabra.

3. Cuando la autoridad espiritual delegada está declarando la bendición profética sobre alguien, él o ella lo hace con las manos alzadas.

Después alzó Aarón sus manos hacia el pueblo y lo bendijo; y después de hacer la expiación, el holocausto y el sacrificio de paz, descendió. (Levítico 9:22)

[Jesús] Y los sacó [a los discípulos] fuera hasta Betania, y alzando sus manos, los bendijo. (Lucas 24:50)

Las manos en alto en el judaísmo son el retrato físico de la bendición, la cual contiene quince palabras. Cada una de las quince palabras corresponde a una parte diferente de la mano. La palma de la mano representa la última palabra (*Shalom* o *paz*). "La autoridad espiritual que alza sus manos con las palmas hacia fuera mientras ora alude a la paz de Dios, sin la cual no puede haber bendición".[2]

4. La bendición profética se debe hacer en el nombre del Señor.

Y pondrán mi nombre sobre los hijos de Israel, y yo los bendeciré. (Números 6:27)

Ministrará en el nombre de Jehová su Dios como todos sus hermanos los levitas que estuvieren allí delante de Jehová. (Deuteronomio 18:7)

Entonces vendrán los sacerdotes hijos de Leví, porque a ellos escogió Jehová tu Dios para que le sirvan, y para

bendecir en el nombre de Jehová; y por la palabra de ellos se decidirá toda disputa y toda ofensa.
(Deuteronomio 21:5)

Y todo lo que hacéis, sea de palabra o de hecho, hacedlo todo en el nombre del Señor Jesús, dando gracias a Dios Padre por medio de él. (Colosenses 3:17)

Cuando invocan la bendición, *Kohanim* (los sacerdotes levíticos) literalmente ponen sus manos en la frente de la persona que recibe la bendición profética y trazan el nombre hebreo del Señor con la punta de sus dedos.

La receta de Dios para el avivamiento espiritual se encuentra en 2 Crónicas 7:14: "Si se humillare mi pueblo, sobre el cual *mi nombre* es invocado, y oraren, y buscaren mi rostro, y se convirtieren de sus malos caminos; entonces yo oiré desde los cielos, y perdonaré sus pecados, y sanaré su tierra" Segunda de Crónicas 6:6 dice: "Mas a Jerusalén he elegido para que en ella esté *mi nombre*". Las fotografías aéreas han confirmado la Palabra de Dios, porque han captado un fenómeno: Dios, el gran YO SOY, grabó su nombre a cincel cuando formó las montañas alrededor de Jerusalén.

Él [Jesús], respondiendo, les dijo [a los fariseos]: Os digo que si éstos callaran, las piedras clamarían. (Lucas 19:40)

5. La bendición profética se debe otorgar ¡cara a cara!

Y llamó Jacob el nombre de aquel lugar, Peniel; porque dijo: Vi a Dios cara a cara, y fue librada mi alma. (Génesis 32:20)

Y hablaba Jehová a Moisés cara a cara, como habla cualquiera a su compañero. (Éxodo 33:11)

Y lo dirán a los habitantes de esta tierra, los cuales han oído que tú, oh Jehová, estabas en medio de este pueblo, que cara a cara aparecías tú, oh Jehová, y que tu nube estaba sobre ellos, y que de día ibas delante de ellos en columna de nube, y de noche en columna de fuego. (Números 14:14)

El mandato en Números 6:23 afirma: "diles", lo cual significa "como una persona habla con su amigo cara a cara".[3] Dios habló con Jacob y Moisés cara a cara. Después de su resurrección, Jesús se reunió con sus discípulos varias veces cara a cara (Lucas 24:36). Alguien que está listo para recibir la bendición profética lo hace con intención, estando de pie delante de su autoridad espiritual delegada, cara a cara. Cuando estemos de pie ante el Señor en el cielo para recibir su bendición: "Bien hecho, buen siervo y fiel", será cara a cara (Mateo 25:23).

6. La bendición profética se ha de dar con voz de autoridad para que todos lo oigan.

Y hablarán los levitas [sacerdotes], y dirán a todo varón de Israel en alta voz…(Deuteronomio 27:14)

¡Las proclamaciones divinas no son apocadas! Cuando oras, los ángeles están escuchando y los demonios están temblando. Cuando declaras una proclamación profética, todos los presentes deberían poder oír. En el judaísmo, si un rabino está demasiado débil como para hablar en voz alta para que todos le oigan, no se le permite dar la bendición.[4] Cuando digas algo relacionado con la Palabra de Dios, hazlo osadamente como un león, y habla sin disculparte con nadie respecto a los valores centrales de tu fe.

¿ESTÁS LISTO?

¿Quieres influenciar positivamente el futuro de las vidas de tus hijos? ¿Quieres renovar y volver a llenar de energía los matrimonios de tus hijos? ¿Quieres respirar esperanza y prosperidad en las empresas y la economía de tus hijos y nietos? ¿Quieres romper el yugo de enfermedad en tu familia? ¿Te gustaría que tus hijos tuvieran el favor ilimitado de Dios? ¡Tú tienes el poder de influenciar el futuro de tus hijos y nietos para bien!

¡No esperes un momento más! Comienza a orar por cada uno de tus hijos y nietos, y pide a Dios que te revele lo que debes orar sobre sus vidas. Una vez que tengas una palabra clara del Señor, entonces en amor impón tus manos sobre ellos, proclama la bendición sacerdotal seguida de la bendición profética, ¡y observa cómo Dios comienza a obrar en sus vidas!

PARTE 2

PROCLAMACIONES

Proclamaciones

Tus palabras tienen poder, porque el rey Salomón declaró que "en la lengua hay poder de vida y muerte; quienes la aman comerán de su fruto" (Proverbios 18:21, NVI). Declara la Palabra de Dios sobre tu vida y las vidas de tus hijos, porque el rey David le pidió a Dios, diciendo: "Oh Dios, oye mi oración; escucha las razones de mi boca" (Salmo 54:2).

Hay un milagro en tu boca activado por tu fe en la Palabra de Dios viva, porque Pablo proclama: "Por la fe entendemos haber sido constituido el universo por la palabra de Dios, de modo que lo que se ve fue hecho de lo que no se veía" (Hebreos 11:2-4). Cree que nada es imposible para Dios cuando declares la bendición profética sobre tus hijos, porque Jesús dijo: "Lo que es imposible para los hombres, es posible para Dios" (Lucas 18:27).

Las siguientes proclamaciones están inspiradas por la Palabra de Dios. Decláralas sobre tu hijo, cree que son ciertas y espera que se cumplan, porque tú y tus hijos son *¡nacidos para ser bendecidos!*

Proclamar la bendición profética sobre tu familia

Nacidos para ser bendecidos está diseñado para equiparte para declarar la Palabra de Dios sobre tu vida y las vidas de tus seres queridos. Declara la Palabra de Dios sobre tus hijos y nietos, sobre los matrimonios de tus hijos, sobre sus empresas; declara las promesas de Dios sobre un hijo que esté enfermo y necesite sanidad divina, un ser querido que esté pasando por una gran prueba personal, un nieto con una necesidad desesperada de estabilidad emocional, un sobrino o sobrina que quiera atacar su carencia y descubrir la prosperidad de Dios, un hijo que desee el favor de Dios.

Ofrezco las siguientes proclamaciones que te ayudarán a comenzar tu emocionante viaje hacia una vida libre de ansiedad. Dios quiere que tu familia tenga la paz que sobrepasa todo entendimiento, gozo inexplicable y amor abundante, rico y puro, ¡Él quiere que tengas una buena vida!

El poder y la majestad de las bendiciones proféticas de Dios para su pueblo han sido revelados para ti en la primera sección de este libro. Dios desea bendecir a tus hijos mientras tú entregas tu corazón y vives en una rendición total a hacer su voluntad. Cuando proclames la Palabra de Dios a través de estas bendiciones proféticas, ¡transformarán tu familia ahora, en el futuro y para siempre!

LA BENDICIÓN SACERDOTAL

Antes de que proclames la bendición profética sobre tus seres queridos, comienza como el Señor enseñó en el libro de Números (6:24-26) recitando la bendición sacerdotal sobre ellos.

Jehová te bendiga, y te guarde;
Jehová haga resplandecer su rostro sobre ti,
y tenga de ti misericordia;
Jehová alce sobre ti su rostro,
y ponga en ti paz.

৵◊৲

PROCLAMACIONES DE ARREPENTIMIENTO, PERDÓN Y SALVACIÓN

Gritaban a gran voz:
«¡La salvación viene de nuestro Dios,
que está sentado en el trono,
y del Cordero!»

ApocalipsisReferenceAPOCALIPSIS 7:10, NVI

ARREPENTIMIENTO

Padre, Dios de Abraham, de Isaac y de Jacob, tú has declarado que en el arrepentimiento está tu salvación. Gracias, Señor, porque tú eres siempre fiel y justo para perdonar nuestros pecados y purificarnos de toda maldad cuando nos arrepentimos delante de ti. Proclamo que mi hijo oirá y responderá al llamado de Cristo al arrepentimiento.

Que experimente una tristeza santa que produzca arrepentimiento que lleve a la salvación y no deje tristeza. Pido que mi hijo aprenda a aplicar el regalo del arrepentimiento que tú has provisto misericordiosamente para todos tus hijos. Te doy gracias, Señor, porque tu bondad, misericordia y paciencia llevan a mi hijo al arrepentimiento, el cual producirá en él un corazón puro, una conciencia moral y una fe sincera. Amén.

PERDÓN

La Palabra declara que en Dios hay perdón, y mediante la sangre de Cristo derramada tenemos redención, según las riquezas de la gracia del Padre. Señor, no hay nadie como tú, porque tú has prometido perdonar nuestras transgresiones y no acordarte más de nuestros pecados.

A través de tu gracia inmerecida has extendido tu perdón a mi hijo para sus faltas confesadas y ofensas escondidas. Que mi hijo tenga la sabiduría, disciplina y fortaleza para perdonar a otros como tú le has perdonado, porque cuando él o ella perdonen, serán perdonados. Que ellos no juzguen o condenen, y que sus oraciones no sean obstaculizadas sino que lleguen ante ti con un corazón puro habiendo perdonado a todos los que les hayan ofendido. Amén.

SALVACIÓN

Dios Padre, tu Palabra declara que todos debemos acudir a ti en arrepentimiento y con fe en el Señor Jesús para ser salvos. Proclamo que mi hijo entregará su corazón, alma y mente a Jesucristo para su salvación eterna muy temprano en su vida. Que Dios le conceda la fe para confiar solo en Él para el perdón de sus pecados, la redención de su alma y la provisión de la vida eterna a través de su Hijo, Jesucristo, nuestro Salvador y Señor. Amén.

SOLTAR LA PALABRA DE DIOS EN TU VIDA

En el nombre de Jesús, nos arrepentimos de cualquier ignorancia de la Palabra de Dios y le pedimos que nos perdone por las cosas necias que hemos orado. Atamos cada fuerza obstaculizadora que ha recibido poder a través de las palabras de nuestra boca, y rompemos el poder de esas fuerzas espirituales en el poderoso nombre de Jesús. A través de la sangre de Jesús, atamos cada palabra que haya liberado al diablo o haya permitido que sus armas vayan contra mi hijo.

Pido que tú, mi hijo, recibas sabiduría y entendimiento de Dios para poner en acción, mediante métodos bíblicos, todo lo bueno, puro, perfecto, amoroso y de buen nombre. Que algún día puedas hacer un pacto con Dios de orar con precisión y hablar solamente lo que le glorifica a Él. Que ninguna comunicación corrupta salga de tu boca, sino solo lo que edifica y ministra gracia a los oyentes.

No contristes al Espíritu Santo de Dios, sino dale gloria, honor y alabanza al Señor Jesucristo por todo lo que ha hecho y hará por tu bien y no para tu mal. ¡El enemigo no tiene poder sobre ti! Proclamo que todo lo que está bendecido por Dios y todo lo que Dios ha diseñado para ti se producirá en tu vida.

Todo lo malo, todo mal informe, y todo lo que el enemigo ha diseñado para engañarte, para apartarte y destruir tu hogar, tus finanzas, a TI, será detenido en el poderoso nombre de Jesús. Hijo mío, eres bendito en la ciudad y bendito en el campo. Eres bendito en tu canasta y bendito en tu mesa de amasar. Eres bendito en tu entrada y en tu salida. Eres cabeza y no cola; estás por encima y no por debajo.

Estás bendecido por completo por el Dios todopoderoso, fortalecido con toda fuerza según su glorioso poder.

El Espíritu de Verdad está en ti; Él te dará discernimiento, dirección y entendimiento divinos en toda situación y en cada circunstancia de tu vida. Tienes la sabiduría de Dios y la mente de Cristo, y le damos gracias a nuestro Padre celestial por su Espíritu, que nos dirige a todos. En el precioso nombre de Jesús aceptamos todo lo prometido en la santa Palabra de Dios para el bien de mi hijo.

❧❧

PROCLAMACIONES PARA UNA VIDA ESPIRITUAL PRÓSPERA

Amado, yo deseo que tú seas prosperado en todas las cosas, y que tengas salud, así como prospera tu alma.

3 Juan 1:2

ANDANDO POR FE

Tú eres hijo de Dios, declarado justo mediante la fe en Jesucristo. La vida que ahora vives en el cuerpo la vives por la fe en Dios, quien te amó y se dio a sí mismo por ti. Camina por fe, hijo mío, no por vista, sino confía en el Señor con todo tu corazón y tu mente, y no confíes en tu propia prudencia. Reconócele en todos tus caminos y Él enderezará tus veredas.

Aparta las distracciones; enfoca tu amor y atención en Jesús, tu Redentor, y en la realización de tu fe. Satúrate de la Palabra de Dios y escucha continuamente la voz del Señor. Al conformarte a la voluntad de Dios en pensamiento, palabra y obra, tu fe te asegurará las cosas que esperas y es la prueba de las cosas que no puedes ver.

Ora con fe, creyendo y confiando en que cuando pides, recibes; cuando buscas, hallas; y cuando llamas, la puerta se abrirá para ti. Ten fe en que Aquel que comenzó una buena obra en ti la terminará hasta el día que Cristo regrese. Que tú, por la fe, obedezcas a Dios, recibas fortaleza, ¡y ofrezcas alabanza al Rey de reyes y al Señor de señores!

SUMISIÓN

Hijo mío, al someterte a Dios de forma reverente y completa, ofrece tu vida como un sacrificio vivo a Él. Sométete y confía en que su disciplina te capacita para participar de su santidad. En obediencia a la Palabra de Dios, sométete a la autoridad piadosa por causa de Él. Hónranos y respétanos a nosotros, tus padres, porque eso agrada a Dios. Aprende su Palabra y obedécela. Recuerda que cuando te sometes a Dios y resistes a Satanás, tu enemigo debe huir de ti. Confía en la misericordia del Señor, y que tu corazón se goce en su salvación al someterte al Señor y a su bondad.

CERCANÍA CON DIOS

Hijo mío, que seas como el rey David, una persona conforme al corazón de Dios. Te bendigo, en fe, creyendo que cada vez estarás más cerca de Dios, conociéndole profundamente y anhelando más de su bondad cada día de tu vida. Cuando estés cansado y sientas la tentación de desanimarte, acércate al Señor, y Él renovará tus fuerzas. Que el conocimiento de su Palabra te dé discernimiento, sabiduría y bendiciones todos los días de tu vida.

QUE TU VIDA SEA UN TESTIMONIO PARA CRISTO

Que todo lo que hagas y digas le dé gloria a Dios, tu Padre. En todos tus caminos, con amable afecto, da precedencia y muestra honor a otros. Ten la misma actitud, propósito y mente humilde que hay en Cristo Jesús, porque Él es nuestro ejemplo en humildad. Sé respetuoso, sereno y fiable en todas las cosas. Que tu lengua declare la justicia de Dios y su alabanza todo el día, y que las palabras de tu boca sean justas, puras y agradables a Él. Al darle gracias al Señor, que puedas dar a conocer sus obras entre las personas y hablar de todas sus maravillas. Busca al Señor y su fortaleza; busca su rostro continuamente, y serás bendecido.

HUMILDAD

Vístete de mansedumbre, porque Dios resiste al orgulloso pero da gracia a los humildes. Por lo tanto, humíllate bajo la poderosa mano de Dios, para que Él te exalte cuando sea tiempo.

HONESTIDAD

Proclamo esta Escritura sobre ti, hijo mío: "Si quieres disfrutar de la vida y ver muchos días felices, refrena tu lengua de hablar el mal y tus labios de decir mentiras. Apártate del mal y haz el bien. Busca la paz y esfuérzate por mantenerla. Los ojos del Señor están sobre los que hacen lo bueno, y sus oídos están abiertos a sus oraciones" (1 Pedro 3:10-12, NTV).

INTEGRIDAD

Muéstrate en todo como un modelo de decencia y rectitud. La persona justa camina en honor; sus hijos son bendecidos después de él. Tu buena moralidad y dignidad te guiarán y preservarán mientras esperas en el Señor.

✤

PROCLAMACIONES PARA
SABIDURÍA, PROPÓSITO Y GUÍA

Escuche esto el sabio, y aumente su saber;

reciba dirección el entendido

PROVERBIOS 1:5, NVI

SABIDURÍA

La sabiduría viene de Dios, y Él te la dará libremente cuando se lo pidas. Clama al Señor: Él te responderá y te mostrará cosas grandes y poderosas que no conoces. Que tu vida esté bendecida cuando camines en la hábil sabiduría de Dios, la cual Él ha guardado para los justos. Que busques continuamente entendimiento y conocimiento mientras caminas en el temor reverente del Señor. Que la sabiduría de Dios te dé su vida abundante, la cual te guardará, honrará y promoverá.

La sabiduría de Dios producirá en ti una larga vida, prosperidad y paz. Es un árbol de vida, ¡aférrate a ella! Y al aferrarte a la sabiduría de Dios, que Él te conceda visión divina respecto al camino que ha diseñado para tu bien.

PROPÓSITO

Eres llamado por el nombre de Dios, creado para la gloria de Dios y formado por Aquel que te conocía antes de que nacieras. Él conoce todos tus caminos y ha puesto su mano de bendición sobre ti. Que el Dios que te dio vida te muestre el camino divino para el que fuiste creado. Que logres tu destino divino en todos los días que Dios tiene contados para ti.

GUÍA

Reconoce a Dios en todos tus caminos, y Él allanara tus sendas . Que el Espíritu Santo te guíe, te enseñe todas las cosas y te haga recordar todas las cosas que te ha dicho. Que la Palabra de Dios sea una lámpara a tus pies y una luz a tu caminar. Que tu alma descanse en la seguridad y confianza de que los pensamientos y caminos del Señor son más altos que tus pensamientos y caminos, y que el camino de Dios para ti es perfecto.

Que tus pasos sean dirigidos y establecidos por el Señor porque Él se deleita en tu camino. Que el Señor mantenga sus ojos sobre ti, te aconseje e instruya en el camino en el que debes andar. Que el Señor te guíe continuamente por los lugares difíciles, te guarde del peligro escondido y enderece tu camino torcido. Él va delante de ti para mostrarte su camino, a tu lado para acompañarte y detrás de ti para protegerte cuando Él te presente sin culpa ante Dios, el Padre.

༺☙༻

PROCLAMACIONES PARA LA FAMILIA

Instruye al niño en su camino,
y aun cuando fuere viejo no se apartará de él.

PROVERBIOS 22:6

MATERNIDAD

Declaro la Palabra de Dios sobre tu vientre porque la Palabra de Dios está viva y llena de poder; es activa, operativa, vigorizante y eficaz. Este poder de Dios está total y completamente disponible para ti porque eres un creyente en el Señor Jesucristo. Recibe y libera este inmensurable e ilimitado poder sobre tu vida, sabiendo con total confianza que Dios está obrando en ti.

El Señor conoce el deseo de tu corazón. Declaro en fe que te convertirás en una madre gozosa. Así como Dios le dio Isaac a Sara, Él te concederá los hijos que deseas. Dios liberará su provisión milagrosa sobre ti. Tu fe te fortalecerá y capacitará mientras das alabanza y gloria a Dios, quien te satisfará por completo, quien cumplirá su Palabra y hará todo lo que ha prometido.

VIDA NUEVA

Proclamo las bendiciones de Dios sobre esta preciosa vida nueva que Él ha creado en tu vientre. Los hijos son herencia del Señor, y le alabamos por este bebé que está siendo maravillosamente formado. Dios ha creado las partes más internas de este ser y ha tejido esta preciosa vida nueva en tu vientre. Los ojos de Dios, incluso ahora, ven a tu bebé, y Él ha ordenado la vida de tu bebé para su gloria. Que tu parto sea seguro y rápido. Que tú y tu bebé sean fuertes y saludables. Y que tu hijo sea un gozo para ti cada día de tu vida.

DEDICAR UN HIJO A DIOS

Como Ana, consagramos su hijo a Dios y oramos para que esta vida nueva sea una bendición para su familia y para el reino de Dios. Que su hijo sea bendecido del Señor mientras escuche su voz y guarde fielmente sus mandamientos.

Que su hijo conozca a Dios como Salvador temprano en su vida. Oro para que el poder de Dios capacite a su hijo para que conozca, a través de la experiencia personal, el amor de Cristo y sea lleno de la divina presencia de Dios mismo.

Como heredero de la promesa de Abraham, declaro salud al cuerpo de su hijo, oro por un vallado de protección sobre la mente de su hijo, y reclamo la prosperidad de Dios sobre la obra de sus manos. Que el Señor esté con su hijo dondequiera que vaya, guiándole y sosteniéndole con su diestra. Que Dios fortalezca continuamente a su hijo con su gran poder, a medida que el Espíritu Santo vive dentro de su ser, y que su hijo refleje el amor y el gozo de Dios todos los días de su vida en esta tierra.

No teman, porque mediante la autoridad de la sangre del Cordero, ato a satanás en el poderoso nombre de Jesús y cancelo cualquier estrategia contra su hijo. Que Dios guarde y mantenga a su hijo en perfecta paz, ¡ahora y para siempre!

TU HIJO

Padre celestial, Dios de Abraham, de Isaac y de Jacob, como el sacerdote de mi hogar, pongo mis manos sobre la cabeza de mi hijo _____ y proclamo esta bendición. Que no camine en el consejo de los impíos, ni esté en el camino de los pecadores ¡ni se siente en silla de escarnecedores! Que siempre se deleite en tu ley y medite en tu Palabra día y noche. Hazle como un árbol firmemente plantado junto a corrientes de aguas y listo para dar fruto a su tiempo; su hoja no caerá ni se secará, y todo lo que haga prosperará y madurará. Declaro y libero esta bendición sobre mi hijo _____. Amén.

TU HIJA

Padre celestial, Dios de Abraham, de Isaac y de Jacob, como el sacerdote de mi hogar, pongo mis manos sobre la cabeza de mi hija _____ y proclamo esta bendición. Que su vida sea como la vida de Rut, bendecida y muy favorecida en todas las cosas. Concédele los deseos de su corazón, y bendice grandemente todo aquello sobre lo que ponga su mano.

Ella vale más que rubíes; su presencia trae la luz de Dios a nuestro hogar. Está vestida de fuerza y honor, habla con sabiduría, y la ley de amor gobierna sobre las palabras de su boca. Dale a mi hija la recompensa que se ha ganado, y que sus excelentes obras le alaben. En el nombre de Jesús, hablo y libero esta bendición sobre mi preciosa hija. ¡Amén!

TU NIETO

Padre celestial, Dios de Abraham, de Isaac y de Jacob, pongo mis manos sobre la cabeza de mi nieto y le bendigo en tu santo nombre. Que te conozca temprano en su vida aprendiendo a oír tu voz y obedeciendo tus mandamientos. Te pido, Señor Dios, que bendigas a mi nieto en sus entradas y salidas. Que envíes tus ángeles delante para preparar su camino, para protegerle de todo mal y peligro, y para ser su guardador.

Dale a mi nieto buenos amigos, y que la esposa que hayas escogido le ame más que a nadie después de a ti. Dale a mi nieto las bendiciones de Abraham, Isaac y Jacob, y que todo lo que haga prospere. Te pido que bendigas el corazón de mi nieto, su alma, mente y cuerpo al consagrarse a los propósitos de Dios. Que tu gracia y paz descansen sobre mi nieto ahora y para siempre. En el nombre de Jesús, ¡Amén!

EL PADRE SOLTERO Y SU HIJO

Padre, tú eres el Señor de los ejércitos, el Creador de mi hijo, y mi compañero eterno. Tú nutres, proteges y cuidas a mi hijo, y continuarás ejecutando justicia a favor de mi hijo.

Dios, tú eres el Padre de los que no tienen padre, no me preocuparé por el futuro de mi hijo, porque has prometido que no desampararás a los justos ni su simiente mendigará pan. Concédeme sabiduría y discernimiento para educar a mi hijo en el temor y amonestación tuyos. Dame la fortaleza para el viaje diario que hago y permíteme recordar que tú nunca nos dejarás ni nos olvidarás. Has prometido oírnos cuando clamemos, ¡y has prometido proveer para todas nuestras necesidades y deseos!

Declaro que nos sentiremos seguros, amados y bendecidos, porque tú eres nuestra Fuente presente y eterna. Señor, has prometido sostener y asegurar nuestro futuro, dándonos esperanza para el mañana. Que podamos hacerte nuestro refugio mientras mandas tus ángeles para cuidarnos. Tendremos confianza en ti, porque tú eres Jehová-Jiré, "el Señor nuestro proveedor".

INSTRUIR A LOS HIJOS

Señor, mis hijos son un regalo tuyo. Dame la disciplina para ponerles diariamente en tus brazos al enseñarles a andar en tus caminos. Que tu sabiduría me guíe mientras les instruyo con amor para el propósito de producir dentro de ellos el fruto de tu justicia y santidad.

Declaro que trataré con mis hijos con gracia, misericordia, amabilidad, humildad, gentileza y paciencia. Estaré junto a mis hijos cuando fallen, con la disposición de animarles, sin guardar rencor por sus errores, y perdonándoles como tú me has perdonado. Enseñaré e inculcaré la Palabra de Dios en sus corazones y sus mentes para equiparles para toda buena obra que les hayas asignado.

༄༅

PROCLAMACIONES PARA UNAS RELACIONES PIADOSAS

Bienaventurado el varón que no anduvo en consejo de malos,

ni estuvo en camino de pecadores,

ni en silla de escarnecedores se ha sentado;

sino que en la ley de Jehová está su delicia,

y en su ley medita de día y de noche.

SALMOS 1:1–2

VIDA SOCIAL

Oro que el Señor te traiga solo buenos amigos y asociados y te guarde de malas influencias que te pudieran alejar de Él. Recuerda que eres amigo de Dios, y que Él es tu Fuente de todo amor y compañía. Que todas tus amistades te brinden una hermandad piadosa. Que busques el discernimiento de Él en tus relaciones sociales, porque aquellos con los que te asocies moldearán tu futuro. Que no te engañen las falsas apariencias sino recuerda que Dios mira la bondad del corazón. Que poseas el valor y la gracia que necesitas para dejar amistades que te aparten de tu destino divino. Que siempre tengas el deseo de agradar a Dios en vez de agradar a otros.

FUTURO CÓNYUGE

Hijo mío, mientras esperas a tu cónyuge de parte del Señor, consagra tus caminos a Dios y confía solo en Él para responder a tu oración. Confía en que el Señor te dará el deseo de tu corazón. Ten confianza en que cuando hagas cualquier petición según la voluntad de Dios, Él te escucha y te oye. Oramos por un cónyuge que te ame más que a nadie después de Cristo. Que tu futuro cónyuge te ame como Cristo ama a la Iglesia; Te valore y te proteja cuidadosamente para siempre. El Señor conoce los pensamientos y planes que tiene para ti, lo cual te dará esperanza para tu futuro y el de tu cónyuge. Al dar gracias a Dios, conoce que su paz está guardando tu corazón y tu mente. Que Él les guarde a ambos, a ti y a tu cónyuge, puros hasta que entren en su sagrada unión.

MATRIMONIO

Mi preciso hijo, hija, al dejar a tu padre y madre para unirte a tu cónyuge y convertirse en una sola carne, conoce que Dios les ha unido y que ningún hombre puede separarles. Oro para que recuerden estos sagrados principios bíblicos: el esposo es la cabeza del hogar así como Cristo es la cabeza de la Iglesia, la esposa está sometida a su esposo, y el esposo debe amar a su esposa como Cristo ama a la Iglesia.

Que mantengan las disputas fuera de su matrimonio, para que no haya confusión, falta de armonía, rebelión ni ningún tipo de practicas viles y malignas en su unión. Al hacerlo, sus oraciones serán eficaces y no se verán estorbadas.

Recuerden que el pacto sagrado del matrimonio es santo para el Señor. Que el ejemplo del amor de Dios reine en su matrimonio: porque no envidia, no se exhibe, no se envanece, no hace nada indebido, no busca lo suyo, no guarda rencor, no piensa cosas malas y no se goza en la injusticia. En su lugar, el amor de Dios se goza de la verdad, es paciente, bueno, todo lo sufre, todo lo cree y todo lo soporta. Este es el tipo de amor que necesitas en tu matrimonio, porque nunca fallará. En el poderoso nombre de Jesús. Amén.

PROCLAMACIONES PARA NUEVOS COMIENZOS

Y aunque tu principio haya sido pequeño,
tu postrer estado será muy grande.

JOB 8:7

NUEVO AÑO ESCOLAR

Al comenzar este año escolar, has de saber que eres obra de las manos de Dios, creado para buenas obras y para andar en los caminos que Él ha preparado para ti. Estás listo y equipado para cualquier tarea por medio de Cristo, que te llena con fortaleza interior. Él es tu suficiencia. El Señor animará tu corazón y te fortalecerá en cada buena obra y palabra. Dios te cubrirá de favor y bendiciones terrenales en todo tiempo y en todas las cosas para que logres hacer las buenas obras que Él te pone por delante. Hagas lo que hagas, ya sea de palabra o de hecho, hazlo con todas tus fuerzas, en el nombre del Señor Jesús, dando alabanzas a Dios Padre.

NUEVO TRABAJO

Al comenzar este nuevo trabajo que el Señor te ha provisto, obedece a tu jefe y aquellos a los que sirves, mostrando respeto y amabilidad. Trabaja diligentemente, con todo tu corazón, no para agradar al hombre, sino como si hicieras un servicio a Cristo mismo. Muéstrate leal, fiel y totalmente íntegro para que puedas dar buena reputación a las enseñanzas de Dios nuestro Salvador.

Al consagrar y confiar tu trabajo y tus planes totalmente a Dios, Él hará que tus pensamientos sean agradables a su voluntad, y Él bendecirá la obra de tus manos con éxito. Trabajarás diligentemente sin murmurar, juzgar, quejarte, cuestionar o dudar. Pondrás tu confianza en Dios. Él te llenará de poder y fortaleza cuando seas débil y estés cansado. Pon en Él tu esperanza. Correrás y no te cansarás. Caminarás y no te fatigarás. El Señor hará que incluso tus enemigos tengan paz contigo. Que el trabajo de tus manos regrese a ti con ganancias y puedas recibir honor por tu paciencia, fidelidad y obediencia. Disfrutarás del fruto de tu trabajo, porque es un don de Dios. Porque, por cualquier cosa buena que hagas, recibirás tu recompensa del Señor.

ÉXITO EN NUEVAS EMPRESAS

Padre celestial, Dios de Abraham, de Isaac y de Jacob, proclamo hoy que la empresa de mi hijo es tuya, porque todo regalo bueno y perfecto viene de ti. Te pido que bendigas a mi hijo y ensanches su territorio, que tu mano esté con él y le guardes del mal para que no cause a otros daño alguno o dolor.

Confieso con mi boca que es el Señor quien le da a mi hijo el poder para generar riquezas. Es el Señor quien abre las ventanas del cielo para enviar bendiciones a mi hijo que están más allá de lo que pueda pedir o imaginar porque tú te deleitas en la prosperidad de los justos. Todo aquello sobre lo que mi hijo ponga su mano prosperará porque esta es la promesa del Señor.

Que tú cierres puertas que ningún hombre pueda abrir y abras puertas que ningún hombre pueda cerrar. Que traigas a su camino solo personas justas y que le protejas del devorador que planea su destrucción. Por lo tanto, Señor Dios, abre las ventanas de los cielos y bendice la empresa de mi hijo para que tu nombre pueda ser glorificado y todas sus necesidades sean suplidas.

NUEVA RELACIÓN

Cuando entres en esta nueva relación, que puedas consagrársela al Señor, para su gloria. Disfruten el hecho de conocerse el uno al otro, pero manténganse lejos de la tentación de toda impureza sexual de pensamiento, palabra u obra, aceptando que su cuerpo es el templo del Espíritu Santo. Que esta nueva relación, desde su comienzo, esté cimentada en el amor de Dios y edificada sobre el fundamento sólido de su Palabra.

IRSE DE CASA

Mientras sigues la voluntad del Señor al mudarte a una nueva ciudad, proclamo este versículo sobre ti, hijo mío: "'Pues yo sé los planes que tengo para ustedes —dice el Señor—. Son planes para lo bueno y no para lo malo, para darles un futuro y una esperanza'" (Jeremías 29:11, NTV). Al establecer tu nuevo hogar, que Dios te dé una nueva iglesia y amigos rectos. Que te rodee con su protección, bendición y favor. En el nombre de Jesús, recibimos esta bendición sobre tu vida.

NUEVO HOGAR

Te alabamos, Señor Dios, por el nuevo hogar que has provisto para mi hijo. "Ten ahora a bien bendecir la casa de tu siervo, para que permanezca perpetuamente delante de ti, porque tú, Jehová Dios, lo has dicho, y con tu bendición será bendita la casa de tu siervo para siempre" (2 Samuel 7:29). Llena esta nueva casa con tu luz, protege del mal a los que viven aquí, y que quienes se reúnen aquí estén rodeados de tu presencia y amor. Que mis hijos continúen proclamando: "por mi parte mi familia y yo serviremos al Señor " (Josué 24:15).

⁂

PROCLAMACIONES DE SERVICIO

y su señor le dijo: Bien, buen siervo y fiel;
sobre poco has sido fiel, sobre mucho
te pondré; entra en el gozo de tu señor.

MATEO 25:21

HOSPITALIDAD

Sirve al Señor, hijo mío, con alegría, porque eres obra de sus manos, creado en Cristo Jesús para hacer las buenas obras que Él ha planeado para ti. Sirve al Señor con pasión, permitiendo que la luz de Dios brille a través de tus buenas obras para que Él sea glorificado. Ármate con la Palabra de Dios para que estés equipado para toda buena obra.

En el servicio y la adoración espiritual, dedica tu cuerpo como un sacrificio vivo, santo y agradable a Dios. Trabaja con empeño en cada tarea, porque estás sirviendo al Señor cuando ministras a otros. En amabilidad y misericordia harás justicia a los débiles, los pobres y los desamparados. Con amor en tu corazón, someterás tu tiempo, talentos y energía a ser usados por Dios para suplir las necesidades de otros, según Él te dirija.

Dios enviará su favor y sus bendiciones sobre ti, hijo mío, y proveerá todo lo que necesites para terminar toda buena obra en abundancia. Aférrate a Dios; adáptate a su ejemplo por completo y sirve a otros en su poderoso Nombre.

UN LLAMADO AL MINISTERIO

Como Dios te ha llamado al ministerio, que seas sobrio en todas las cosas, sereno, enseñable, amable y considerado. Que camines en el favor inmerecido de Dios mientras ministras el evangelio. Dios te ha mostrado lo que es bueno y lo que requiere de ti: hacer justicia, amar la misericordia y andar en humildad delante de Él.

Que estés en constante oración, siempre consciente de que quienes son llamados tienen una responsabilidad mayor en el reino, mantener el justo juicio según el grado de fe dado por Dios. Mantén tu mente y tu corazón en la sana doctrina que se nutre por las palabras de fe. Que el Espíritu del Dios vivo te fortalezca continuamente al mostrarte aprobado.

Que el Señor abra puertas que ningún hombre pueda cerrar y cierre puertas que ningún hombre pueda abrir mientras Él camina delante de ti preparando tu camino, a tu lado para mantenerte en todos tus caminos, y detrás de ti para protegerte de las flechas del maligno.

Proclamo, en fe, que el Espíritu Santo estará sobre ti mientras sirves con integridad y honestidad, porque Él te ha ungido para proclamar las buenas nuevas y para liberar a los oprimidos.

꒰꒱

PROCLAMACIONES PARA VENCER LA ADVERSIDAD

Alégrense en la esperanza, muestren paciencia en el sufrimiento, perseveren en la oración.
ROMANOS 12:12, NVI

ESPERANZA PARA UN CORAZÓN AFLIGIDO

¡Que siempre tengas esperanza en Dios! No dejes que tu corazón se aflija, porque recuerda, hijo mío, que el Señor te cuida y protege durante tus tiempos de bendición y durante tus tiempos de aflicción. Gózate en el Dios de tu salvación porque Él es tu fortaleza, tu esperanza, y tu torre fuerte; Él no está lejos de ti; y Él nunca te dejará ni te desamparará.

La prueba de tu fe produce paciencia, lo cual tendrá su obra perfecta dentro de ti. Al esperar en el Señor, Él te sacará con su guía de tu valle y satisfará todas tus necesidades. Alaba al Señor cuando enfrentes problemas porque estarás completo y no te faltará nada. No temas, se fuerte y anímate porque Dios te salvará; Él se deleita en aquellos que esperan su misericordia.

El Señor es tu luz y tu salvación; ¿de quién temerás? El Señor es la fortaleza de tu vida; ¿de quién has de atemorizarte? Pon siempre al Señor delante de ti para que tu corazón se alegre y tu carne descanse en su esperanza. Proclamo en fe que Dios cuidará de tu vida y te guardará de todo mal porque solo Él te hace morar en seguridad.

No te desanimes al luchar en los tiempos difíciles sino anímate, porque Él ganará batallas por ti. Es la batalla de Dios y no la tuya. Que el Señor te bendiga con paz para que no estés ansioso por nada incluso durante los momentos de angustia. Anímate y espera en el Señor, que renovará tus fuerzas. Volarás por encima de las circunstancias, y no te cansarás ni te abrumarás. Ofrece acción de gracias al presentar tus peticiones a Dios, y su paz guardará tu corazón y tu mente en Cristo Jesús.

Sé gozoso en la esperanza, paciente en la aflicción y fiel en la oración durante tu tiempo de adversidad. Que el Señor te llene de todo gozo y paz al confiar en Él, para que reboses de poder del Espíritu Santo, ¡porque el Señor es bueno y su misericordia es para siempre! Amén.

VIVIENDO UNA VIDA VICTORIOSA

La victoria es tu herencia en Cristo. Dios está contigo, y tendrás un gran éxito en todas las cosas. Camina intachable y recto ante Dios, y Él será tu escudo y te dará la victoria sobre cualquier adversidad que afrontes.

A través de la vida, muerte y resurrección de Cristo has alcanzado justicia y fortaleza para lograr grandes cosas. Declaro que te mantendrás firme, inmovible, siempre abundando en la obra del Señor, sabiendo que tu trabajo no es en vano. Cualquier palabra mala o acción destructiva formada contra ti quedará sin poder y fallará.

Dios te llevará de fortaleza en fortaleza y de triunfo en triunfo, porque todo lo que es nacido de Dios vence al mundo. Da gracias a Dios que promete preservarte, librarte y darte la victoria en todas las cosas. Recuerda siempre que la grandeza, el poder, la gloria, la victoria y la majestad le pertenecen al Señor. Es su reino y Él será exaltado como Cabeza de todo. El Señor es un Dios de justicia; por lo tanto, Él te muestra su amor, su gracia y su misericordia. Serás bendecido, serás feliz, y serás victorioso en Él y a través de Él.

Dios ha dado el poder para vencer al enemigo porque Él ha prometido fortaleza para el día, descanso para el cansado, gracia para las pruebas, libertad para el engañado y oprimido, y amor eterno y compasivo para tu viaje. Eres más que vencedor, y te darás cuenta de todo tu potencial a través de Cristo que te ama. Declaro tu triunfo, ¡porque el favor de Dios está sobre ti! Amén.

꒰꒱

PROCLAMACIONES PARA SANIDAD

Alaba, alma mía, al Señor,
y no olvides ninguno de sus beneficios.
Él perdona todos tus pecados
y sana todas tus dolencias...

SALMOS 103:2-3, NVI

SANIDAD FÍSICA

Dios envió su Palabra para sanarnos. Cristo fue herido por nuestros pecados, golpeado por nuestra culpa, y por sus llagas fuimos sanados. Él promete oír nuestra oración, perdonar nuestros pecados y sanar nuestras enfermedades. La Palabra de Dios declara que la oración de fe nos salvará de las enfermedades y dolencias. Las promesas de Dios son ciertas: El que siempre cumple sus promesas ha declarado que "muchas son las aflicciones del justo, pero de TODAS ellas le librará Jehová" (Salmos 34:19).

El Señor se levantará con sanidad en sus alas. Él trae la restauración y el poder de la nueva vida. Que tú, hijo mío, camines en las buenas nuevas del evangelio y seas sanado de toda enfermedad y dolencia mientras eres restaurado por el poder de la Palabra de Dios. Dirígenos, Señor, a los médicos que tú has escogido para tratar a mi hijo; que tengan la mente, los ojos y las manos de Cristo.

Padre, Dios de Abraham, de Isaac y de Jacob, sé que es tu voluntad, basado en tu Palabra, que la medicina que toma mi hijo o los procedimiento que sigue serán para su bien y no para hacerle mal, porque bendito es el Sanador de la enfermedad, mi Señor y Salvador, Jesucristo.

Te damos gracias, Señor, porque lo que el enemigo ha escondido en la oscuridad, tú lo has expuesto y cubierto con tu preciosa sangre. Cualquier cosa que tú no hayas plantado, Señor, será arrancada de raíz. Jesús ha prometido sanar nuestras heridas y aflicciones, y Él declara que ninguna enfermedad tiene autoridad sobre nuestro cuerpo.

Padre Dios, tú has puesto delante de mi hijo la vida y la muerte. Escogemos la vida. Tú has puesto delante de mi hijo bendiciones y maldiciones. Escogemos la bendición. Cualquier maldición generacional que haya atormentado a mi familia será revelada y destruida por el poder de tu Palabra, y tú salvarás a mi hijo de las trampas del maligno y de las plagas mortales.

Que la recuperación del cuerpo de mi hijo llegue rápidamente al ver tu justicia delante de él para guiar su camino, y tu gloria se convierta en su guardaespaldas para protegerle. Como has puesto al Señor como tu refugio, y al Altísimo como tu morada, Dios te protegerá de todo mal.

Invocamos el nombre del Señor, y Él responderá. Él te traerá, hijo mío, sanidad sobrenatural, y te satisfará con una vida larga y gozosa. Debido a las promesas que encontramos en tu Palabra, ningún mal vendrá contra ti, porque Él ordena a sus ángeles que te acompañen, defiendan, libren y guarden en todos tus caminos.

Fuiste comprado por precio. Eres libre de la maldición y has entrado en la bendición de Abraham, Isaac y Jacob, bendiciones que incluyen buena salud y favor. El Señor te fortalecerá, ayudará y sostendrá, hijo mío, con su justa mano derecha. Damos gracias al Señor porque es bueno y sus misericordias son para siempre. Declaramos la grandeza del Señor y bendecimos su nombre ahora y para siempre.

SANIDAD EMOCIONAL

Declaro que el Señor librará a mi hijo de su angustia. Sanará sus heridas y sus aflicciones. El entendimiento de Dios es ilimitado; Él conoce los secretos del corazón y de la mente, y está lleno de amor y compasión.

Que el Señor te conceda su paz, hijo mío, en todo tiempo y en todos tus caminos. Camina en la confianza de que el Señor te llevará en sus brazos y te llevará cerca de su corazón. Él está siempre contigo y nunca te dejará ni te desamparará, y absolutamente nada puede separarte del amor de Dios.

Una mente y un corazón tranquilos y calmados son la vida y la salud de tu cuerpo. No estarás preocupado, ansioso ni temeroso, sino que tendrás la paz de Dios que sobrepasa todo entendimiento. Que el Señor Dios examine tu corazón, pruebe tus pensamientos y exponga cualquier maldad, herida u ofensa que haya dentro de ti. No te enojarás, molestarás, intimidarás o perturbarás, porque eres un hijo de Dios victorioso. Eres más que vencedor por medio de Aquel que te ama. Dios no te dio un espíritu de temor, sino un espíritu de poder y amor, disciplina y dominio propio.

Con la ayuda del Espíritu Santo, declararás la Palabra de Dios sobre tu propia vida, porque la Palabra de Dios promete protección y paz en tiempos de ansiedad; amor incondicional y aceptación en tiempos de rechazo; entendimiento y perdón en tiempos de ira; fe y esperanza en tiempos de desánimo; y compasión y gozo en tiempos de depresión.

La esperanza es el yelmo de la salvación; te lo pondrás diariamente porque te impedirá tener doble ánimo. La mente de Cristo Jesús será tuya para que seas conformado a su imagen y obtengas el discernimiento y el poder para rechazar todo pensamiento inútil y vano. Dios te guardará en perfecta y constante paz porque tú habrás puesto tu mente en Él. Confía en el Señor, porque Él es una ayuda muy presente en tiempos de dificultad. Al creer en cosas más altas, piensa solo en los propósitos que Dios tiene para tu vida.

Que el Señor proteja tus oídos para oír solo la voz del Padre y no las mentiras del enemigo. Que tus ojos contemplen solo la verdad que se encuentra en la Palabra de Dios y no la maldad de este mundo. Escogerás pensar en lo que es noble, justo, puro, bueno y digno de alabanza. Recuerda que por muy hondo que sea el pozo, Jesucristo, tu bendita Esperanza, es aún más profundo.

SANIDAD ESPIRITUAL

El arma de guerra espiritual diseñada por Dios para nuestra victoria no es física, sino espiritual. Esta arma es la infalible Palabra del Dios viviente. Es poderosa ante Dios, porque derrota y destruye la atadura sobrenatural que te mantiene, hijo mío, prisionero.

Acepta esta verdad, hijo mío: la Palabra te perdona y redime. La Palabra te libera y transforma. La Palabra te hace estar completo y crea en ti un nuevo corazón y una nueva mente. Cristo te sacó, hijo mío, de las tinieblas e hizo saltar las cadenas que te apresaban. La batalla ya se ha librado y ganado por ti.

Te mantendrás en su santa Palabra, la cual guardará tu corazón, mente y alma del pecado y de la destrucción. Como declara la Palabra de Dios, oraremos en el Espíritu en todo tiempo, porque es nuestra oración lo que hace que la Palabra de Dios sea eficaz para sanarnos de toda aflicción espiritual, adicción carnal y tormento emocional, porque nada es imposible para Aquel que nos ama.

Dios se deleita en las alabanzas de su pueblo. Por lo tanto, reverencia, honra y adora su majestuosa santidad. Permite que su alabanza esté en tus labios y en tu corazón cuando Él intervenga por ti. En el precioso nombre de Jesús oramos y recibimos estas promesas. Amén.

$\sim$()$\sim$

PROCLAMACIONES PARA RECONCILIACIÓN Y RESTAURACIÓN

En fin, hermanos, alégrense, busquen su restauración,
hagan caso de mi exhortación, sean de un mismo sentir, vivan en paz.
Y el Dios de amor y de paz estará con ustedes.

2 CORINTIOS 13:11, NVI

RECONCILIACIÓN

Por medio de la sangre de Cristo, mi hijo está reconciliado con Dios y con el hombre para que sus oraciones no sean obstaculizadas. A través de la sangre derramada de Cristo, mi hijo ha sido hecho uno con Dios, que es el Autor de la reconciliación. Como embajador de Cristo, mi hijo representará el amor de Cristo, en palabra y obra, llevando unidad y paz a la familia y amigos. Gracias, Señor, porque has reconciliado a mi hijo con Dios Padre por tu sangre derramada.

RESTAURACIÓN

Dios restaura mediante el poder de su santa Palabra; por lo tanto, sé transformado por la renovación de tu mente para que puedas hacer su perfecta voluntad para tu vida. Él te dará un nuevo corazón y plantará en ti un nuevo espíritu que brillará como la luz transformadora de Cristo.

Cristo restaura mediante el poder de su sangre derramada, la cual redime, libera y justifica. Él promete devolver los años que el enemigo te ha robado sin condenación o reproche. Que seas librado diariamente del dominio del pecado mediante la vida resucitada de Cristo. Has sido crucificado con Cristo, y ya no vives tú, sino que Cristo vive en ti.

Él terminará la buena obra que comenzó en tu vida. Conoce, entiende y sé consciente de que Dios está contigo y que Él es el Señor, Él restaurará tu vida, y no hay nadie como Él.

༄༅༈

PROCLAMACIONES PARA PROTECCIÓN Y SEGURIDAD

Pero que se alegren todos los que en ti buscan refugio;

¡que canten siempre jubilosos! Extiende tu protección,

y que en ti se regocijen todos los que aman tu nombre.

SALMOS 5:11, NVI

APLICAR LA SANGRE DE CRISTO

Aplico la sangre de Jesucristo sobre los dinteles de mi casa. Las maldiciones generacionales deben pasar de largo en mi vida y en las vidas de mis seres queridos, ¡por el poder de la sangre de Jesucristo! Ningún arma forjada contra mí prevalecerá ¡por la protección sobrenatural de la sangre del Cordero!

¡Padre, perdóname por subestimar el poder de la sangre de tu Hijo! Reconozco en este día ¡que no hay NADA que la sangre de Cristo no pueda lograr!

La sangre salva; rescata. La sangre redime; ha pagado el precio de mis pecados. La sangre libera; libera de toda forma de maldición. La sangre protege; es un escudo que guarda, defiende y cuida de mí y de mi familia. La sangre provee; da y suple todas mis necesidades. La sangre sana; me hace bien a mí y a los míos. La sangre restaura; readmite, renueva, repara y arregla. La sangre transforma; convierte y hace de nuevo. La sangre provee vida eterna, sin final y perpetua.

Yo y mi casa: hemos trazado la línea, ¡y la sangre del Cordero sagrado se ha aplicado! Satanás es plenamente consciente del poder de la sangre de Cristo; por lo tanto, no tiene otra opción que pasar de largo de la casa que ha aplicado la sangre del Cordero sobre sus dinteles. Quizá intente robar, matar y destruir según pasa, pero será en vano porque he declarado que Cristo es nuestro Redentor y Libertador, ¡y por su sangre invaluable estoy protegido!

PROTECCIÓN DIVINA

El Señor es tu protección, y como hijo de Dios, vives en su presencia; por lo tanto, el Señor irá delante de ti y detrás de ti para cercarte, y su mano estará siempre sobre ti. Encontrarás refugio bajo sus alas, y cuando invoques el nombre de Jesús, Él se acercará a ti, oirá tu clamor y te salvará.

En tiempos de peligro, Él es tu escudo. El nombre del Señor es torre fuerte, segura y alta por encima de todo mal. Lleva tus peticiones al Señor, con acción de gracias, y su paz rodeará tu corazón y tu mente. Cuando llegue la batalla, no tengas temor ni desmayes porque las batallas le pertenecen a Dios y Él está contigo.

Cuando el enemigo venga contra ti como un río, el Espíritu del Señor levantará su estandarte y le hará huir. ¡El Señor es fiel! ¡Él es tu refugio y fortaleza! Apóyate en Él, confía en Él y fíate de Él. Que encuentres en Dios fortaleza, porque Él es tu firme Fundamento que promete protegerte de todo mal y de todo daño. Declaro estas promesas en el nombre de nuestro Salvador y Señor, Jesucristo.

VIAJE SEGURO

Padre, Dios de Abraham, de Isaac y de Jacob, te pido que guíes, dirijas y ayudes a mi hijo con tu paz y protección mientras está de viaje. Te pido que le permitas llegar a su destino con gozo y seguridad, y que regrese a casa del mismo modo.

Que viajes delante de él para dirigir su camino, que camines a su lado para que no viaje solo, y que vayas detrás de él para protegerle de todo peligro. Te pido que envíes a tus ángeles con mi hijo para guardarle en todos sus caminos.

Hijo mío, declaro bendiciones sobre tu viaje; que el Señor preserve tu salida y tu llegada desde este momento y para siempre. Que siempre camines en la bondad y el favor de Dios, porque Él es bueno y sus misericordias son para siempre.

꧁ꕥ꧂

Proclamaciones para prosperidad y favor divinos

Que el favor del Señor nuestro Dios esté sobre nosotros.
Confirma en nosotros la obra de nuestras manos;
sí, confirma la obra de nuestras manos.

Salmos 90:17, NVI

PROSPERIDAD DIVINA

Padre celestial, Dios de Abraham, de Isaac y de Jacob, vengo a ti como tu siervo que cree, confía en ti y te estima como su esperanza y confianza. Tu Palabra promete conceder a tus hijos abundancia de prosperidad divina. El Señor nos dará a mí y a los míos los deseos de nuestro corazón mientras nos deleitamos en Él.

Mi Dios suplirá todas nuestras necesidades conforme a sus riquezas en gloria mediante Cristo Jesús. La prosperidad llegará a mi casa al someternos a Dios y estar en paz con Él. Al obedecer y servir al Señor, pasaremos el resto de nuestra vida en prosperidad y contentamiento. Él no retendrá ningún bien de nosotros que caminamos delante de Él con integridad y honestidad.

Mi hijo te buscará con todo su corazón y prosperará en su mente, alma y cuerpo. A medida que mi hijo sigue la sabiduría y justicia de Dios, recibirá riquezas, honor, buena salud y prosperidad. Mi hijo obedecerá todos los mandamientos del Señor para vivir en la bondad del Señor todos los días de su vida. Tu Palabra declara que riqueza, honra, fuerza y autoridad serán de él en todas las cosas porque prestará atención a tu voz y obedecerá tus mandamientos.

Tú has provisto riquezas para mi hijo y te honrará, Dios Padre, con el diezmo de sus primeros frutos. Al bendecirle, él sembrará generosamente en el reino de Dios y será una bendición para otros. Dios Padre, tú prometes proveer y multiplicar los recursos de mi hijo e incrementar los frutos de tu justicia en su vida, incluyendo bondad, amabilidad y amor.

Los que te temen y buscan en ti su refugio recibirán abundancia de buenas cosas que tú has preparado para ellos. Te alabaremos, porque le das a mi hijo la capacidad de producir riquezas, porque tú abres las compuertas del cielo y derramas abundantes bendiciones sobre él que no podrá contener.

FAVOR DE DIOS

Padre celestial, Dios de Abraham, de Isaac y de Jacob, vengo delante de ti hoy como tu hijo buscando tu favor divino para mi familia. Tu Palabra afirma que cumplirás tu santo pacto con nosotros, y declaramos que prestaremos atención a tu voz y obedeceremos tus mandatos. Señor, tú prometes mirarnos y acordarte de nosotros con favor inmerecido y hacernos fructíferos en todas las cosas.

En el nombre de Jesús, proclamo que mi hijo es la justicia de Dios; por lo tanto, tiene derecho al favor y la bondad del pacto. El favor de Dios está entre los justos, y su favor rodea a los justos; por lo tanto, le rodea como un escudo.

Según mi hijo encuentra favor a los ojos de Dios, espero que las bendiciones divinas se manifiesten dondequiera que mi hijo vaya y en todo lo que haga. Nunca más mi hijo carecerá del favor de Dios. ¡Satanás, los días de necesidad y escasez de mi hijo terminan hoy! Mi hijo irá del pozo al palacio porque el favor de Dios descansa plenamente en él. El favor de Dios abunda grandemente en él.

Mi hijo es parte de la generación que experimentará el inmensurable, ilimitado e incomparable favor de Dios. El favor de Dios producirá en su vida un aumento, promoción, prominencia, trato preferencial, restauración, honor, mayores bienes y reconocimiento que serán sobrenaturales. Las peticiones le serán concedidas para su beneficio, las políticas y normas cambiarán para el bien de mi hijo, y tú, Dios Padre, ganarás batallas por él de tal modo que no tendrá que luchar.

Yo y mi casa serviremos y obedeceremos al Señor, y Él nos concederá su favor y nos dará un buen nombre a los ojos de los hombres. Nos mantendremos humildes y contritos de espíritu y mostraremos reverencia por su Palabra. El favor de Dios está sobre mi familia y sobre mí; va delante de nosotros y permanece para siempre; por lo tanto, ¡nunca volveremos a ser los mismos!

UNA BENDICIÓN DE DESPEDIDA

Hemos terminado un viaje transformador que nos ha llevado a lo largo de la historia bíblica de la bendición profética. Hemos descubierto la importancia de liberar y recibir la bendición tanto de palabra como de hecho. Hemos aprendido a declarar la palabra hablada sobre nuestras vidas y las vidas de nuestros hijos. ¿Qué viene después?

Debemos aceptar las promesas de Dios para nuestra vida que se encuentran en su santa Palabra. Tenemos que creer que nacimos para bendecir, ¡y *ser bendecidos!* Debemos aprender a oír su voz y vivir por sus mandatos para que nuestra vida y las vidas de nuestros familiares experimenten el desbordante favor de Dios.

Te dejo con una bendición que contiene muchas de las promesas de Dios para ti y tus seres queridos. Declárala con tu voz y créela con tu corazón, porque su Palabra es verdad, poderosa, personal y eterna. Recuerda esta verdad: *¡has nacido para ser bendecido!*

Que el Dios de Abraham, de Isaac y de Jacob nos bendiga con fuerza, salud divina y gozo eterno sobrenaturales. Que nos rodee con su seguridad y protección, en nuestras entradas y nuestras salidas. Que nuestras vidas estén libres de cualquier forma de maldición para que podamos recibir cada bendición que Dios ha ordenado para nosotros. Que habitemos en la majestad de su gracia y misericordia, y que su favor continuamente vaya delante de nosotros y de nuestros seres queridos. Que la paz del Señor llene nuestras vidas y guarde nuestros corazones. Que el amor perdurable del Padre nos guarde a nosotros y a nuestras amadas familias en todos nuestros caminos. Y que Dios siempre sonría sobre nosotros y su presencia sea nuestra recompensa diaria. Amén.

NOTAS

CAPÍTULO 1: ¿QUÉ ES LA BENDICIÓN PROFÉTICA?

1. Tim Hegg, "The Priestly Blessing", Nisan 4, 5761, *Bikurie Zion* 2001; http://www.torahresource.com/EnglishArticles/Aaronic%20Ben.pdf. Todos los derechos reservados.
2. Reverendo William Bythel Hagee, Oración de dedicación por el Pastor John Hagee, 4 de octubre de 1987.

CAPÍTULO 2: LA BENDICIÓN PROFÉTICA EN LA ESCRITURA

1. "Abortion Statistics", *National Right to Life* (1973-2010); http://www.nrlc.org/Factsheets/FS03_AbortionInTheUS.pdf.

CAPÍTULO 3: DESATAR LA BENDICIÓN A TRAVÉS DE LA PALABRA DECLARADA

1. Robyn Freedman Spizman, *Chief Joseph: When Words Matter Most* (New York: Crown Publishers, 1996), p. 67.
2. E. C. McKenzie, *Mac's Giant Book of Quips and Quotes* (Eugene, OR: Harvest House Publishers, 1980), p. 562.
3. Ibid.
4. John Phillips, *Exploring Genesis: An Expository Commentary* (Grand Rapids, MI: Kregel Publishers, 2001), p. 40.
5. Ibid.
6. Wilbur M. Smith, *Therefore Stand* (Grand Rapids, MI: Baker Book House, 1976), como es citado por John Phillips en *Exploring Genesis*, p. 42.
7. Derek Prince, *The Power of Proclamation* (Charlotte, NC: Derek Prince Ministries-International, 2002), p. 11.
8. Ibid., p. 14.
9. Ibid., p. 11.
10. George Robinson, *Essential Judaism* (New York: Pocket Books, 2000), p. 26.

CAPÍTULO 4: LIBERAR LA BENDICIÓN
MEDIANTE EL TOQUE FÍSICO

1. Tiffany Field, *Touch* (Cambridge, MA: MIT Press, 2003), p. 17.
2. Mic Hunter and Jim Struve, *The Ethical Use of Touch in Psychotherapy* (Thousand Oaks, CA: Sage Publications, 1998), p. 13.
3. Ibid.
4. Ibid., 14.
5. Ibid.
6. Ibid.
7. Ibid.
8. Gary Smalley y John Trent, *The Gift of the Blessing* (Nashville, TN: Thomas Nelson, 1993), p. 45.
9. Ibid.
10. John D. Garr, *Blessings for Family and Friends* (Atlanta, GA: Golden Key Press, 2009), p. 30.
11. Field, *Touch*, p. 29.
12. Ibid., p. 30.
13. Garr, *Blessings for Family and Friends*, p. 14.
14. Thayer y Smith, *The New Testament Greek Lexicon*, "Ektrepho", de dominio público.
15. Field, *Touch*, p. 62.
16. Ibid., p. 63.
17. Ibid.
18. Ibid.
19. Ibid., p. 60.

CAPÍTULO 5: CÓMO LIBERAR LA BENDICIÓN
PROFÉTICA SOBRE TUS HIJOS

1. Adaptado de una historia personal escrita por John y Diana Hagee, *What Every Man Wants in a Woman; What Every Woman Wants in a Man* (Lake Mary, FL: Charisma House, 2005), pp. 50–51.
2. Tim Hegg, "The Priestly Blessing", Nisan 4, 5761, *Bikurie Zion* 2001; http://www.torahresource.com/EnglishArticles/Aaronic%20Ben.pdf. Todos los derechos reservados.
3. Ibid.
4. Ibid.

ACERCA DEL AUTOR

John Hagee es el autor de cuatro éxitos de ventas del *New York Times*, además de *Cuenta regresiva a Jerusalén*, que vendió más de un millón de ejemplares. Es el fundador y pastor principal de la iglesia Cornerstone Church en San Antonio, Texas, una iglesia evangélica no denominacional con más de veinte mil miembros activos, así como fundador y presidente de John Hagee Ministries, que retransmite sus enseñanzas de radio y televisión por toda América y 194 naciones del mundo. Hagee es también el fundador y director nacional de Christians United for Israel, una asociación de base nacional con más de un millón de miembros hasta la fecha.

WORTHY®
Latino

Si le gustó este libro,
¿consideraría compartir el mensaje con otros?

- Mencione el libro en un post en Facebook, un update en Twitter, un pin en Pinterest, o una entrada en un blog.

- Recomiende este libro a quienes están en su grupo pequeño, club de lectura, lugar de trabajo y clases.

- Visite Facebook.com/WorthyPublishingLatino, dé "ME GUSTA" a la página, y escriba un comentario sobre lo que más le gustó.

- Escriba un Tweet en @WorthyPubLatino sobre el libro.

- Entregue un ejemplar a alguien que conozca y que sería retado y alentado por este mensaje.

- Escriba una reseña en amazon.com, bn.com, goodreads.com o cbd.com.

Puede suscribirse al boletín de noticias de Worthy Latino en WorthyLatino.com

 PÁGINA EN FACEBOOK DE WORTHY LATINO

SITIO WEB DE WORTHY LATINO